존 웨슬리의 영성을 담아

님께 드립니다.

년 월 일

John Wesley

존 웨슬리, 나의 삶이 되다

존 웨슬리 | 이성덕 옮기고 씀

"가장 좋은 것은 하나님이 우리와 함께 계심이다."

The best of all is, God is with us.

– 1791년 3월 1일 밤, 죽기 하루 전 침상에서

"나는 모든 세계를 나의 교구로 생각한다."

I look upon all the world as my parish.

– 1739년 3월 28일 쓴 편지에서

"나는 메소디스트라고 불리는 사람들이
유럽이나 아메리카에서 사라지는 것을 두려워하지 않는다.
오히려 나는 그들이 단지 능력 없는 종교의 형식만을 가진
일종의 죽은 종파로 존재하게 될까 두려워한다.
만약에 그들이 처음 출발할 때 가졌던 가르침과
성령과 신앙훈련을 모두 견고하게 붙잡지 않을 경우에
이런 일이 일어날 것은 의심할 나위가 없다."

I am not afraid that the people called
Methodists should ever cease to exist either in Europe or America.
But I am afraid lest they should only exist as a dead sect,
having the form of religion without the power.
And this undoubtedly will be the case unless they hold fast both the doctrine,
spirit, and discipline with which they frist set out.

– 존 웨슬리의 『메소디즘에 관한 생각들』(Thoughts upon Methodism, 1786)에서

머리글

존 웨슬리를 나의 삶에 끌어들이기

어린 시절, 아버지의 책상 위에는 검은 가운을 입고 한 손에는 안경을 든 채 근엄하게 앉아 있는 한 사람의 초상이 들어 있는 나무액자가 있었습니다. 액자 속의 주인공은 큼지막한 얼굴에 이목구비가 선명하였고, 머리에는 흰 곱슬머리 가발을 쓴 것 같았고, 목에는 마치 흰 손수건을 길게 접어 양 날개처럼 펼쳐 놓은 듯한 칼라를 한 기이한 모습의 노인이었습니다. 다소 고집스러워 보이기까지 한 단호한 모습과 무언가를 뚫어지게 바라보는 눈빛이 예사롭지 않았습니다. 아버지 책상 위에 있는 종이나 연필을 가지러 갔다가 사진 속의 인물과 눈빛을 마주치고, 도둑질하려다 들킨 사람처럼 흠칫 놀라 얼른 서재에서 나왔던 기억이 있습니다. 나중에 그 액자 속의 인물이 존 웨슬리라는 사실을 아버지를 통해 알았습니다. 저의 아버지는 평생을 시골에 있는 작은 교회에서 목회하신 감리교 목사님이셨습니다.

행복했던 어린 시절 이후, 그 액자 속의 인물은 저와는 아무런 상관 없는 존재가 되었습니다. 비록 교회를 떠난 적은 없지만, 대학생이 되고 나름 비판적인 안목이 생긴 이후로 교회는 그다지 의식적이지도, 정직하지도, 아름다워 보이지도 않았습니다. 마음과 정신으로는 무수한 일탈과 반역을 꿈꾸었지만, 그래도 교회의 울타리 안에 있도록 저를 잡아 준 것은, 세상과 타협하지 않고 올곧게 살아오시고 저를 위해 눈물로 기도하시던 부모님의 모습, 그리고 중학교 시절 하나님과 했던 약속이었습니다. 그리고 또 하나, 아주 가끔씩, 어린 시절 아버지의 서재에서 마치 저의 마음을 꿰뚫듯 바라보던, 그 액자 속 인물의 눈빛이었습니다.

"주저하고 방황하던 젊음의 뒤안길을 돌아" 저는 해군사관학교 교관 생활을 마친 후, 신학대학원에 입학하게 되었습니다. 거기에서 저는 다양한 종류의 신학, 특별히 현대적이고 전위적인 신학을 접하게 되었고, 그 신학은 문제의 해결이 아니라 더 많은 숙제를 제게 주었습니다. 또 다른 신학적인 갈증이 생겼고, 그 갈증만큼 실천이 따르지 않는 데 대한 자괴감도 더욱 커졌습니다. 그 후 조직신학을 더 공부하려고 독일에 가서, 뜻밖의 만남을 경험하게 되었습니다.

한국에 있을 때 교회사에 대한 지식이 거의 없어서, 이를 보충하고자 독일에서 교회사 수업을 들었는데, 그때 지도교수인 마르틴 브레히트Martin Brecht를 만나게 되었습니다. 그분은 세계적인 루터 전문가인데, 저 역시 개신교의 뿌리인 루터에 대한 관심이 있어 그분의 수업을 듣게 되었습니다. 개신교의 뿌리와 전통에 대해 너무 모르고 있다는 생각이 들었기 때문이었습니다. 그런데 교수님은 그 당시 루터보다는 경건주의에 관심을 갖고 연구에 박차를 가하던 중이셨습니다. 그분이 저에게 개신교 영성의 정수인 경건주의와 존 웨슬리의 관계에 대해서 연구해 보는 것이 어떻겠냐고 제안하셨습니다. 저는 전혀 준비가 되어 있지 않았는데, 몇 편의 논문을 추천해 주시면서 읽고 생각해 보라고 하셨습니다. 저는 며칠을 고민하다가, 교수님을 찾아갔습니다. 이것이 계기가 되어 저의 박사 논문이 탄생되었습니다. 이렇게 해서 전혀 뜻하지 않게 어린 시절 아버지 서재에서 마주쳤던 그 액자 속의 인물과 다시 정식으로 대면하여 씨름하게 된 것입니다.

귀국한 후에 이런저런 논문과 책을 쓰면서, 일반 교인들이 존 웨슬리의 글을 직접 접하고 그것을 삶 속에서 묵상하고 실천하도록 돕는 책을 쓰면 좋겠다는 막연한 생각이 있었습니다. 그러나 마음뿐이었지, 실행할 엄두를 내지 못했습니다. 그러던

차에 신앙과지성사 대표이신 최병천 장로님께서 이와 같은 책을 낼 것을 제안하셨습니다. 장로님은 한국 교회가 질적으로 성숙해져서 사회의 빛과 소금이 되길 간절히 바라시고, 이를 위해 '책이좋은사람들' 을 조직하셔서 이 시대의 젊은이들이 좋은 책을 만나 자기를 실현하고 하나님 나라를 일구어 가도록 돕기 위해 부지런히 발로 뛰시는 분입니다. 이 책의 제목부터 시작하여 이 책이 보다 편하고 아름답게 독자들에게 다가갈 수 있도록 장로님은 세심한 관심과 배려를 아끼지 않으셨습니다. 최 장로님과 출판사 관계자 여러분의 수고에 진심으로 감사드립니다.

이 책은 존 웨슬리가 직접 쓴 설교집(알버트 C. 아우틀러 편, 200주년 기념판) 가운데 우리가 읽고 묵상하기에 유익한 본문을 중심으로 엮어졌습니다. 존 웨슬리의 설교문은 대중을 상대로 직접 설교한 것도 있지만, 출판을 목적으로 쓴 설교문도 있습니다. 그래서 말이 설교문이지 한 편의 소논문과 같은 경우도 많아, 글이 딱딱하거나 장황한 것도 있습니다. 가급적 이러한 본문들은 피하면서 존 웨슬리의 신앙과 신학의 핵심을 담고 있는 부분을 선택하였습니다. 설교문 다음에는 "함께 나눔" 코너를 덧붙여, 독자들이 개인묵상이나 소그룹 토의의 소재로 활용할 수 있도록 하였습니다. 그리고 설교문 가운데 간간이 일기나 편지, 혹은 찬송시를 삽입하여, 잠시 쉬어가면서 존 웨슬리의 인간적인 향취나 역사적인 상황을 느낄 수 있도록 하였습니다. 존 웨슬리 역시 인간적인 한계를 지녔지만, 원죄보다 강한 넉넉하신 하나님의 은총과 성령의 도우심 속에서, 성화와 그리스도인의 완전에 이르기 위해 순전한 열정으로 영적 고투를 벌인 위대한 신앙인이었습니다.

오늘날 한국의 개신교회가 위기에 처해 있다고 누구나 말하고 있습니다. 그 위기는 신도수의 감소에 있는 것이 아니라, 도덕적 혹은 영적 권위를 상실함으로써 사회적 신뢰를 얻지 못하고, 오히려 사회의 비판과 조롱의 대상이 되었다는 데 있습니다. 한국의 개신교회는 이전과 비교해서 엄청난 부와 권력을 가지고 있습니다. 하지만 그 영향력은 오히려 현저히 감소된 것 같습니다. 한국의 개신교회는 진리의 힘, 영적인 힘, 도덕적인 힘으로 존재감을 드러내기보다는, 교회가 가진 물질과 권력으로 자신을 포장하고 과시하고 영향력을 행사하려고 합니다. 이것이야말로 개신교회가 얼마나 영적으로 도덕적으로 빈곤한가를 반증하는 것이라고 생각합니다. 한국 교회의 위기는 거룩함의 모양은 있으나, 그 능력이 없는 데 있습니다. 거룩하기는커녕 상식과 법조차도 지켜지지 않는 것이 현실입니다. '하나님의 뜻이 하늘에서 이루어진 것처럼 땅에서도 이루어지도록' 세상을 변화시켜야 하는 것이 그리스도인, 제자들이 해야 할 사명인데, 오늘날 교회는 오히려 불의한 세상의 풍조에 편승하여 성공하고 번영하는 것을 축복이라고 말합니다. 이러한 시대에 이 책을 통해 '존 웨슬리를 우리의 삶과 신앙 속에 끌어들여', 우리가 보다 거룩해지고 온전해질 수 있기를 소망합니다.

끝으로 저에게 존 웨슬리란 존재를 처음으로 알게 해 주시고, 평생을 '진정한 메소디스트'로 사신, 존경하고 사랑하는 아버지 고故 이광호 목사님께 이 책을 바칩니다.

2011년 10월
배재대학교 연자산 아래서
이성덕

차례

3 세상을 변화시키는 제자의 삶

4 새 하늘과 새 땅을 소망하며

존 웨슬리 찬송시

일기

편지

1

믿음의 길, 구원의 길

사람은 누구나 길을 가는 도상의 존재들입니다. 그 끝을 알지 못하지만, 사람들은 믿음을 가지고 나아갑니다. 어떤 믿음이 되었든 믿음이 없는 사람은 없습니다. 심지어 무신론도 하나의 믿음입니다. 그리스도인은 예수 그리스도가 길이요 진리요 생명임을 믿고, 그분 안에 구원이 있다고 믿습니다. 그리스도인은 하나님이 예수 그리스도를 통해 보여 주셨던 부활과 영생을 믿습니다. 그러나 부활과 영생은 십자가를 전제로 하고 있습니다. 그리고 십자가의 길은 예수를 믿고 따르는 사람이 피할 수 없는 길입니다. 믿기만 하고 가지 않을 수 없는 길입니다. 따라서 그리스도인의 삶과 십자가와 부활과 영생은 서로 연결되어 있는 믿음의 길이고, 구원의 길입니다.

존 웨슬리 찬송시

나를 하나님의 나라로 이끄소서

내 안에 믿음을 시작하신 당신께, 외치나이다.
나로 죽게 내버려두지 아니하시고,
진리를 알고 그 안에 살도록 하신 당신이여,
내 마음을 열어 당신의 얼굴을 보게 하소서.
내 안에 구원의 은총이 흘러넘쳐, 영원한 생명을 얻게 하소서.
불신앙으로 입이 막혀 신음하나이다.
당신께서 내 눈을 덮은 베일을 벗겨 주시기까지는
분별없이 알지 못하는 신을 섬겼나이다.
말로 다할 수 없는 당신의 선물을 나누어 주소서.
당신의 이름 내 마음에 새기소서.
하여 당신의 사랑을 나타내소서.
이 일은 오직 당신만이 하시는 일인 줄, 내가 아나이다.
믿음의 선물은 전적으로 하늘에 속한 것,
하지만 우리가 구하면, 이 은총 우리에게 내려 주실 것을 아나이다.
당신이 우리 모두를 위해 죽으셨음을 느낄 수 있는,
그 마음 주옵소서.
당신께서 우리의 마음 문을 두드리시고 들어오셔서,

죄에서 쉼을 얻고, 행복을 얻게 하셨나이다.
당신의 은총 구하고, 그를 누리게 하셨나이다.
당신은 나와 온 인류를 구원하실 수 있습니다.
구원하실 것입니다.
당신의 말씀대로 이루어지이다!
이제 죄를 사해 주신 주님을 발견하게 하소서.
구한 모든 것 받게 하소서.
불신앙의 빗장을 제거해 주소서.
믿음과 사랑의 문 열게 하소서.
나를 하나님의 나라로 이끄소서.

『메소디스트라 불리는 사람들을 위한 찬송시 선집』, 114번

설교, 1741년 7월 25일, 옥스퍼드

나는 참된 그리스도인인가?

"빌기를 다하매 모인 곳이 진동하더니
무리가 다 성령이 충만하여 담대히 하나님의 말씀을 전하니라" 행 4:31

'사랑으로 역사하는 믿음' 을 가진 사람은 누구나 '명목상의 그리스도인' 이 아니라, 실로 '참 그리스도인' 입니다. 그러나 이러한 일의 산 증인들은 누구입니까? 형제들이여, 음부의 어두움도 하나님 앞에 밝히 드러나거늘 하물며 인생의 마음이야 어떻겠습니까? 하나님 앞에서 여러분 각자의 마음에 다음과 같이 물어보기를 간절히 바랍니다: "나는 그중 한 사람인가? 이교도의 정직한 법이 요구하는 정도만이라도 나는 정의, 자비, 진실을 실행하고 있는가? 만일 그렇다면 나는 그리스도인의 믿음의 형식을 가졌는가? 나는 악을, 즉 기록된 하나님의 말씀에 금지된 것을 모두 피하고 있는가? 나는 내가 할 수 있는 모든 선을 힘써 행하고 있는가? 나는 진지하게 하나님의 정하신 규례를 이행하고 있는가? 그리고 이 모든 일에서 하나님을 기쁘시게 하려는 성실한 의욕과 열망을 가지고 행하고 있는가?" 그러나 여러분 대부분은 이러한 '명목상의 그리스도인' 이었던 적도 없었다는 것, 정직한 이교도의 수준에도 못 미쳤으며, 기독교 신앙의 형식조차 갖지 못했다는 사실을 알지 않습니까?

하나님께서는 여러분에게서 진지함은 물론 모든 일에서 하나님을 기쁘시게 하려는 참된 의도를 보지 못하셨습니다. 여러분은 모든 말과 행위, 일, 연구, 오락을 하나님의 영광을 드러내기 위해 바치려는 의도조차 없었습니다. 여러분이 주 예수의 이름으로 했고, 예수 그리스도를 통하여 하나님께서 기뻐 받으실 만한 영적 제사가 되도록 해야 했던 모든 일들을, 여러분은 결코 의도하지 않았고, 심지어 바라지도 않았습니다. 설령 여러분이 그랬다고 하더라도 좋은 의도나 좋은 욕구만으로 좋은 그리스도인이 되는 겁니까? 그것이 좋은 결과를 맺지 못하면 결코 그렇지 않습니다. "지옥은 좋은 의도로 포장되어 있다"는 말도 있습니다.

마지막으로 가장 큰 의문이 아직 남아 있습니다: "하나님의

웨슬리 고향 엡윗교회의 목사관

사랑이 당신의 마음에도 흘러넘칩니까? 당신은 '하나님만이 나의 전부' 라고 외칠 수 있습니까? 당신은 하나님 이외에 아무것도 바라지 않습니까? 당신은 하나님으로 인해 행복합니까? 하나님이 당신의 영광, 환희, 기쁨의 면류관입니까? '하나님을 사랑하는 자는 형제를 사랑할지니라' 고 한 계명이 당신의 마음에 새겨져 있습니까? 그리고 당신은 이웃을 내 몸처럼 사랑합니까? 그뿐 아니라 당신은 하나님의 어린양이 당신의 죄를 거두어서 그것을 바다 깊숙이 돌처럼 던져 버리신 것을 믿습니까? 하나님의 어린양이 심판할 증서를 소멸하고 그것을 자신의 십자가에 달아 버리셨음을 믿습니까? 당신은 실제로 그 피에 의한 속량, 즉 당신의 죄의 사면을 가지고 있습니까? 하나님의 영이 당신의 영에 대하여 당신이 하나님의 자녀 됨을 증거하고 있습니까?"

:: 1744년 8월 24일, 옥스퍼드

형제들이여, 나는 여러분에게 하나님의 자비하심으로 간청합니다. 당신들이 나를 미치광이 혹은 바보로 간주한다 해도 어쩔 수 없습니다. 여러분을 향하여 누군가가 매우 솔직하게 말해야 합니다. 그것도 지금 말해야 합니다. 지금이 마지막 기회일지 누가 알겠습니까? 언제 어느 때 의로우신 재판장 하나님께서 "너는 이 백성을 위하여 기도하지 말라 그들을 위하여 부르짖어 구하지 말라 내게 간구하지 말라 내가 네게서 듣지 아니하리라"렘 7:16고 말씀하실지 누가 알겠습니까? "비록 노아, 다니엘, 욥, 이 세 사람이 거기에 있을지라도 그들은 자기의 공의로 자기의 생명만 건지리라"겔 14:14라고 말씀하실지 누가 알겠습니까? 만일 내가 하지 않으면 누가 이처럼 솔직하게 이야기할 수 있을까요? 그러므로 나 같은 사람이 감히 말하는 것입니다. 그리고 살아 계신 하나님의 이름으로 간절히 바라건데, 여러분들에게 주어진 축복을 받지 않으려고 마음에 철판을 깔지 마십시오. 당신은 마음속으로 '주여, 당신이 원하시는 그 사람에 의하여 구원을 보내지 마소서' 라고 말하지 마십시오.

형제들이여, 나는 온유한 마음으로 여러분들에게 묻고 싶습니다: "이 도시는 기독교 도시입니까? 여기 있는 기독교는 성경적 기독교입니까? 우리가 성령으로 충만함을 받고, 성령의 진정한 열매를 마음속으로 기뻐하며 우리의 생활 가운데 나타내고 있는 공동체라고 생각하십니까? 모든 장관들, 대학의 총장들, 학교의 교장들, 그리고 학회 회장들은(거리의 주민들에 대해서는 말하지 않지만) 한마음이 되어 있습니까? 하나님의 사랑이 우리 마음에 부어져 있습니까? 우리의 성품이 하나님의 성품과 같습니까? 우리의 생활은 그 성품과 일치하고 있습니까? 우리는 '우리를 부르신 그 거룩하신 분처럼 모든 행실에 거룩한 자' 벧전 1:15입니까?"

나는 여기서 무슨 특별한 의견들, 곧 이렇게도 생각해 볼 수 있고 저렇게도 의심해 볼 수 있는 의견들에 대해서 고찰하는 것이 아니라, 의심의 여지가 없는 기독교의 근본적인 문제들에 대해서 고찰해 보라고 하는 것입니다. 그리고 나는 하나님의 말씀에 따라 여러분의 양심에 호소합니다. 그에 대한 결단을 내리십시오. 만약 양심에 가책이 없으면 괜찮습니다. 나는 하나님을 두려워하는 마음으로 하나님 앞에 서서(여러분도, 나도 곧 하나님 앞에 나아가겠지만) 존경하는 여러분에게 호소합니다. 여러분이 성령으로 충만한지 진정으로 생각해 보시기 바랍니다.

여러분은 사람들에게 하나님의 생생한 모습을 보여 주는 하나님의 형상으로서의 역할을 다하고 있습니까? 여러분은 높은 위치에 있는 사람들입니다. 여러분은 하늘에 계신 하나님과 같은 높은 위치에 있습니다. 그러기에 여러분은 그 위치에서 무리에게 '통치자이신 주님'을 보여 주어야 합니다. 그런데 여러분의 마음과 생각과 품성과 욕망은 당신들의 높은 천직에 부합합니까? 여러분의 모든 말은 하나님의 입에서 나오는 그것과 같습니까? 여러분의 모든 행위에는 고결함과 사랑이 존재하고 있습니까? 여러분은 말로 표현할 수 없는, 오직 하나님에게서만 흘러나올 수 있는 위대함을 가지고 있지만, 현실은 '벌레 같은 사람, 구더기 같은 인생' 의 인격과 다를 바 없습니다.

설교집 2번: 명목상의 그리스도인 (The Almost Christian);
설교집 4번: 성경적인 기독교 (Scriptural Christianity)

함께 나눔 *

우리는 진정한 그리스도인입니까? 혹시 무늬만 그리스도인이 아닙니까? 보기에는 아름답고 그럴듯해도 한 줌의 향기도 품어내지 못하는 조화는 아닙니까? 회칠한 무덤처럼 겉은 아름답게 치장했지만, 안은 썩은 냄새로 진동하지 않습니까? 우리는 어정쩡한 그리스도인, 언제나 주님으로부터 도망칠 수 있도록 적당한 거리를 유지하며 주님을 따르고 있지는 않습니까? 주님은 나의 전부가 아니라, 교회 갈 때만 들고 가는 먼지 묻은 성경책은 아닙니까? 경건의 모양은 있으나, 행위의 능력이 없는 무기력한 그리스도인은 아닙니까? 무엇이 우리를 알짜배기 그리스도인으로 만들 수 있습니까? 우리 안에서 그리스도의 향기를 뿜어내게 하는 힘, 우리 안에 생수가 넘쳐 메마른 세상을 촉촉이 적실 수 있는 샘물 하나 갖는 일, 우리 안에 지칠 줄 모르는 신앙의 엔진을 장착하는 일, 그리하여 '사랑으로 역사하는 믿음' 을 몸으로 살아내게 하는 힘, 그것은 우리가 성령으로 충만할 때 주어지는 선물입니다.

1736. 1. 17. Sat.

Diary

주께서 꾸짖으시니 바다가 잠잠

많은 사람들이 심한 역풍 때문에 견디기 어려워했다.
저녁 7시경에 역풍은 폭풍우로 변하더니 파도가 더 높이 치솟았다.
9시경에 파도가 이물에서 고물까지 뒤덮었는데,
그때 갑판 위에 서너 사람이 있었다.
파도는 선실의 유리창까지도 산산이 깨뜨렸다.
다행히 옷장 때문에 큰 충격에서 피할 수 있었지만,
우리는 모두 바닷물을 흠뻑 뒤집어썼다.
11시경, 나는 겨우 선실에 누웠으며
'내가 다시 살아서 깨어날 수 있을까?' 의심하다가,
곧 죽음을 두려워한 일로 부끄러워하며 잠이 들어버렸다.
갑작스러운 예고에도 하나님 앞에 나서기를
기뻐할 수 있는 자의 믿음은 얼마나 순결하여야 할까?
아침이 가까워 오면서 풍랑이 멎었다.
주께서 바람과 바다를 꾸짖으시니 모든 것이 고요해졌다.

설교, 1742년 6월 6일, 엡웟

참된 종교

"이르시되 때가 찼고 하나님의 나라가 가까이 왔으니
회개하고 복음을 믿으라 하시더라" 막 1:15
"하나님의 나라는 먹는 것과 마시는 것이 아니요
오직 성령 안에 있는 의와 평강과 희락이라" 롬 14:17

제도나 의식과 같은 외적인 요소들로는 참된 종교가 성립되지 않습니다. 가령 그런 것이 참으로 훌륭하고 의미 있는 것일지라도, 또한 내적 요소들을 잘 표현하는 것일지라도, 그것만으로는 참된 기독교가 성립되지 않습니다. 제도나 의식이 교육을 잘 받지 못한 사람들뿐만 아니라, 지성인들이나 뛰어난 능력을 가진 사람들에게도 어느 정도의 도움은 될지라도, 그 자체로는 참된 기독교가 되지 못합니다. 비록 유대인처럼 하나님에 의해 선택되고, 그것이 효력을 갖는 시대일지라도 진실한 종교는 그러한 제도나 의식만으로는 성립되지 않습니다. 엄밀하게 말한다면 인간에 의해서 정해진 종교제도나 형식으로는 더욱 성립되지 않습니다.

그리스도의 종교는 모든 제도나 형식보다 무한히 높고 한없이 깊습니다. 제도나 형식이 진실한 종교를 세우는 데 하나의 방편이 되는 경우에는 좋을 수가 있습니다. 또 그런 것이 단순한 인간의 연약함을 돕기 위해 상황에 따라서 도움이 된다면 오히려 반대하는 것이 어리석은 일이 될 것입니다. 그러나 누구든지 그 이상의 것을 주장해서는 안 됩니다. 제도나 의식이 그 자체로서 고유한 가치를 가졌고 종교가 그것 없이는 존재할 수 없다는 헛된 생각을 해서는 안 됩니다. 만일 그렇게 생각한다면, 주님께서는 제도나 형식을 혐오할 것입니다.

기독교의 본질은 그러한 제도나 예배의 형식이나 의식이나, 어떤 종류의 외적 행위로도 성립되지 않습니다. 물론 악의에 차고 부도덕한 행위를 하는 죄인이나, 내가 다른 사람으로부터 당하고 싶지 않은 일을 다른 사람에게 행하는 사람이 종교인일 수 없습니다. 또 선을 알고 있으면서 이를 행치 않는 사람도 진정한 종교인이라고 말할 수 없습니다. 그러나 겉으로 드러난 악을 피하고 선을 행하면서도 여전히 종교인이 되지 못하는 경우도 많습니다. 그뿐 아니라 동일한 외적 행위, 예를 들어 배고픈 사

화재 시 존 웨슬리 구출 장면(1709년, 당시 7세)

람에게 먹을 것을 주고, 옷이 없는 사람에게 옷을 주었다고 해도 어떤 사람은 진정으로 종교적이고, 어떤 사람은 전혀 종교적이지 않을 수가 있습니다. 왜냐하면 어떤 사람은 하나님을 사랑해서 선을 행하고, 또 어떤 사람은 다만 자신이 칭찬을 받기 위해서 행할 수가 있기 때문입니다. 그러므로 진실한 신앙심은 당연히 모든 좋은 말과 행위를 만들어 내는 것이지만, 그 본질은 보다 깊은 곳, "마음에 숨은 사람"벧전 3:4 안에 존재하는 것이 분명합니다.

그러나 참 종교, 곧 하나님과 사람에게 바르게 향하는 마음은 성결과 함께 행복도 포함합니다. 다만 의로울 뿐 아니라, "성령 안에 있는 평강과 희락"롬 14:17이기도 합니다. 어떠한 평강입니까? 하나님만이 주시고 세상이 빼앗을 수 없는 "모든 지각에 뛰어난 하나님의 평강"빌 4:7입니다. 이것은 인간의 모든 이성적인 생각을 초월한 평화입니다. 그리고 초자연적인 감동이고, 신적인 경험입니다. '그것은 영으로만 이해될 수 있는 것이므로' 고전 2:14 아무리 이 세상의 모든 일을 안다고 해도 자연에 속한 사람은 그것을 모릅니다. 인간의 현재 상태로 그것을 알기는 불가능합니다. 그것은 모든 의혹, 모든 고통에 찬 불안을 추방하는 평화입니다. 하나님의 영이 그리스도인의 영과 함께, 그가 "하나님의 자녀"롬 8:16임을 증거합니다. 또 그것은 괴로움을 주는 모든 공포, 하나님의 진노의 공포, 지옥의 공포, 악마의 공포, 특히 죽음의 공포를 추방합니다. 하나님의 평화를 소유한 자는 그것이 하나님의 뜻이라면 '이 세상을 떠나 그리스도와 함께 있는' 빌 1:23 것을 바라기 때문입니다.

하나님의 평화가 영혼 안에 확고히 자리 잡는 그곳에 참된 기쁨도 있습니다. 그것은 성령에 의하여 복되신 하나님의 영에 의하여 마음속에 솟아난 기쁨입니다. 이러한 상태를 '하나님의 나라' 혹은 '천국'이라고 부르고 있습니다. '하나님의 나라'라고 불리는 것은, 그것이 하나님께서 영혼을 지배하심으로써 맺힌 직접적인 열매이기 때문입니다. 하나님께서 그 전능하신 능력을 나타내셔서 우리의 마음속에 좌정하시자마자, 우리의 마음은 즉시 "성령 안에 있는 의와 평강과 희락"롬 14:17으로 충만해집니다. '천국'(혹은 '하늘나라')이라고 불리는 것은 그것이 (어느 정도) 영혼 안에 열려 있는 하늘이기 때문입니다. 이것을 경험하는 자는 누구나 천사와 사람 앞에서 변하지 않는 성경의 근본적인 뜻에 따라 다음과 같이 단언할 수 있습니다. "영원한 생명이 주어졌고 영광이 땅 위에 시작되었다."

성경은 도처에서 하나님께서 우리에게 영원한 생명을 주셨다는 것과 그 생명이 그 아들 안에 있다는 것을 증거하고 있습니다. 그 아들을 모신 사람, 즉 아들이 그 마음을 지배하는 자는 '영원한 생명을 가진 사람'요일 5:11~12입니다. 왜냐하면 '영원한 생명이란 오직 한 분이신 참 하나님을 알고 또 아버지께서 보내신 예수 그리스도를 아는 그것'요 17:3이기 때문입니다. 비록 불타는 난로 한가운데 있어도 영원한 생명을 가진 사람은 주님을 향하여 다음과 같이 자신 있게 말할 수 있을 것입니다: "주여! 당신의 능력을 힘입어 우리는 당신을 주 하나님의 아들로 경배합니다. 인간의 몸을 입고 세상에 오신 당신을 향해 끊임없는 할렐루야를 외칩니다. 하늘에 있는 당신의 보좌를 향해서 우리가 지금 여기에서 찬양을 드립니다. 당신이 현존하시는 곳, 거기가 천국이기 때문입니다."

설교집 7번: 하나님 나라로 가는 길 (The Way to the Kingdom)

함께 나눔

종교에서 교리나 제도와 같은 형식적인 측면을 무시할 순 없지만, 그보다 더 본질적인 것은 내적인 측면, 즉 거룩함의 체험과 영성입니다. 이러한 신적인 체험과 영성이 없는 종교의 형식은 규율과 의무만이 남습니다. 거기에는 참된 자유와 해방이 없습니다. 이럴 경우 종교는 도덕주의 혹은 율법주의로 협소화되거나 또 다른 억압의 이념 체제가 될 뿐입니다. 신앙은 살아 움직이는 생명인데, 이를 이해하고 표현하는 틀로서의 교리나 제도는 그 생명을 추상화하거나 박제화하기 쉽습니다. 예수님께서 선포하시고 이 땅에서 시작하신 하나님의 나라 역시 이 세상의 나라, 국가권력이나 체제와 동일시될 수 없습니다. 하나님의 나라를 세상 제국과 동일시하였던 콘스탄티누스 대제 이후 기독교는 타락의 길을 걷게 되었습니다. 하나님의 나라는 오히려 박해 시대에 가장 순결한 모습으로 역동적으로 확장되어 갔습니다. 하나님의 나라는 세상 권력이 아니라 '오직 성령 안에 있는 의와 평강과 희락'에서 자라, 적은 누룩이 큰 반죽을 변화시키듯이 세상을 변화시켜 나갑니다.

1736. 2. 7. Sat.

Diary

공허한 말들이 두렵소

오글소르프* 장군이 독일 목사 중 한 사람인

스팡엔베르크**와 함께 사바나에서 돌아왔다.

나는 그가 어떤 정신의 소유자인지를 알게 되어

그에게 내 행동에 대해 충고해 주기를 원하였다. 그는 물었다.

"내 형제여, 한두 가지 질문을 먼저 하겠습니다.

당신은 마음속에 증거가 있습니까?

하나님의 영이 당신의 영혼 속에 당신은 하나님의 자녀라는

증거를 가지고 있습니까?"

나는 이 질문에 놀라서 뭐라 대답해야 할지를 몰랐다.

이어서 그는 물었다. "당신은 예수 그리스도를 아십니까?"

나는 잠시 생각하다가 대답했다.

"나는 그가 온 세상의 구세주인 줄 압니다."

그러자 그는 확인하듯 다시 물었다. "사실입니다.

그러나 그가 바로 당신을 구원하셨다는 사실을 믿습니까?"

나는 "그가 나를 위해 죽으셨기를 바랍니다"라고 대답하였다.

그러자 그는 마지막으로 물었다. "당신은 당신 자신을 아십니까?"

나는 대답하였다. "알고 있습니다.

그러나 나는 그런 말들이 다 공허한 말들 같아서 두렵습니다."

*오글소르프 – 신대륙에 조지아주를 개척하고 이민자를 모집하고 인솔한 영국의 장군
**스팡엔베르크 – 조지아주 사바나에 모라비안 교도를 인도하고 정착하도록 도왔던 모라비안 형제단 소속의 목사

1738. 1. 24. Tue.

Diary

인디언들을 회개시키러 갔으나

나는 아메리카로 인디언들을 회개시키러 갔다.

오! 그런데 도대체 누가 나를 회개시킨 것인가?

누가, 무엇으로

이 불신앙적인 악한 마음으로부터 나를 구해 낼 것이란 말인가?

나는 이제까지 맑은 여름 하늘과 같은 종교를 가졌었다.

나는 말을 잘할 수 있었으며, 뿐만 아니라

위험이 없는 동안에는 나 자신을 믿을 수 있었다.

하지만 죽음이 내 앞에 다가왔을 때 내 심령은 두려워 떨었다.

설교, 1746년, 월일미상, 런던

은총의 수단

"만군의 여호와가 이르노라 너희 조상들의 날로부터
너희가 나의 규례를 떠나 지키지 아니하였도다 그런즉 내게로 돌아오라
그리하면 나도 너희에게로 돌아가리라 하였더니
너희가 이르기를 우리가 어떻게 하여야 돌아가리이까 하는도다" 말 3:7
"하나님은 영이시니 예배하는 자가 영과 진리로 예배할지니라" 요 4:24

시간이 경과함에 따라 사람들의 사랑이 식어 가자 마 24:12, 어떤 사람들은 수단을 목적으로 잘못 알고, 종교를 하나님의 형상을 따라 마음을 새롭게 하는 것으로 생각하기보다는 외적 행위를 행하는 것으로 간주하기 시작했습니다. 그들은 모든 율법이, 거짓 없는 믿음을 동반하는 깨끗한 마음에서 우러나오는 사랑을 목표로 하고 있고, 주 하나님을 마음을 다해 사랑하고 이웃을 자신처럼 사랑하는 일과 하나님의 능력을 믿는 믿음으로, 교만, 분노, 악한 욕망에서 깨끗해짐을 받는 것을 목표로 하고

있다는 점을 잊어버리고 말았습니다. 그들은 "종교가 주로 이러한 외적 수단으로 성립되지는 않지만 그 안에는 하나님께서 기뻐하시는 것이 있다. 그리고 그런 것들이 율법의 중요사항이라거나 정의나 자비, 하나님의 사랑 그 자체는 아닐지라도 하나님 편에서 볼 때 그것들은 받아들일 만한 것이다"라고 생각하는 것 같습니다.

은총의 수단(세례나 성만찬 등)을 오해하고 악용하는 사람들에게 그런 것들이 정해진 목적에 부응하지 못했다는 것은 분명한 사실입니다. 사람들을 구원하기 위한 것이 오히려 실족의 기회를 마련해 준 것입니다. 그들은 거기서 은혜를 받기는커녕 자기들의 머리 위에 저주를 떨어지게 했을 뿐입니다. 마음과 생활에서 전보다 더 거룩해지기는커녕 이전보다 배나 더한 지옥의 자식들이 되었습니다마 23:15. 어떤 사람들은 이러한 은총의 수단들이 악마의 자식들에게 하나님의 은혜를 전달하지 못했다는 결론을 끌어내기 시작하였습니다. 곧 그것들은 하나님의 은혜를 전달하는 수단이 아니라는 것이었습니다.

그러나 충분한 이해력을 소유한 사람들뿐 아니라, 사랑의 사람들, 곧 진정한 내적인 체험을 한 사람들이 나타날 때까지는 은총의 수단을 경시하는 사람보다는 은총의 수단을 오용한 사람의 수가 더 많았습니다. 이들이 드러내고 싶었던 것은 "하나

웨슬리 당시 보통 사람들의 삶은 매우 어려웠다.

님은 영이시니 예배하는 자가 신령과 진정으로 예배할지니라" 요 4:24는 것, 외적 예배는 하나님께 바쳐진 마음이 아니면 헛수고라는 것, 그리고 외적인 하나님의 계율은 내적인 성결이 있을 때에는 크게 유익하지만 그렇지 않을 때에는 헛되며 입김보다 가볍게 된다는 것입니다. 더욱이 외적인 하나님의 계율이 내적인 성결을 대신하게 된다면 하나님께서는 이를 전적으로 혐오하고 가증하게 여기실 것신 7:25입니다.

:: 1786년 5월 23일, 애버딘

우리는 일반적으로 은총의 수단 속에 '하나님의 의례'를 포함시킵니다. 여기서 말하는 '의례'란 성경을 읽거나 묵상하는 일, 개인기도와 금식과 같은 경건한 일들을 가리킵니다. 우리는 이러한 의례에 참여함으로써 하나님의 은혜가 우리 인간의 영혼에 전달되는 통로를 경험하게 됩니다. 그런데 과연 이러한 의례들만이 하나님의 은총의 수단일까요? 이런 의례들을 벗어난 다른 어떤 것으로는 결코 하나님을 사랑하고 경외하는 마음을 가질 수 없으며, 또 하나님을 정녕 기쁘시게 할 수 없는 것일까요? 경건한 일뿐 아니라 자비로운 일 역시 하나님의 은총의 수단이 됨은 분명합니다. 경건과 자비, 이 두 가지를 한마음으로 실천하는 이들에게는 이러한 인식이 더욱 분명해집니다.

그러나 경건만을 강조하면서 자비를 소홀히 하는 사람들은 이러한 편파적인 입장으로 인해 그들이 받을 수 있는 또 다른 귀중한 은혜의 수단을 놓치게 됩니다. 만일 이들이 계속해서 이 은혜의 수단을 가볍게 여긴다면 그들은 이미 받은 은혜마저도 잃어버리는 결과를 맛보게 될 것입니다. 한때 믿음이 돈독하였던 이들 가운데서 믿음을 잃어버리고 그 마음마저 허약해지는 것도 이와 관련이 있음을 방증합니다. 이들 중에 어떤 이들은 자신의 믿음이 약해지고 있다는 사실 자체도 인식하지 못하는데, 이는 그들 스스로가 자비의 일들을 소홀히 하면서 하나님을 향한 의례에 빠짐없이 참여하고 있음을 강조하기 때문입니다. 만일 그들이 믿음을 가진 자가 어떠한지에 관한 성경 말씀을 잘 이해한다면, 자신들의 쇠약해진 믿음이 어디에서 연유하는지 깨닫게 될 것입니다. "우리는 그가 만드신 바라 그리스도 예수 안에서 선한 일을 위하여 지으심을 받은 자니 이 일은 하나님이 전에 예비하사 우리로 그 가운데서 행하게 하려 하심이니라" 엡 2:10.

설교집 16번: 은총의 수단 (The Means of Grace);
설교집 98번: 아픈 자들을 심방하는 일에 대하여 (On Visiting the Sick)

함께 나눔

신앙생활이 오래될수록 우리는 타성에 빠지게 되며, 알맹이는 없이 형식만 유지하는 경우가 많습니다. 이보다 더 위험한 것은 신앙의 본말이 전도되는 일입니다. 무엇이 본질적인 것이고, 무엇이 지엽적인 것인지를 분간하지 못할 뿐만 아니라, 심지어 지엽적인 것이 본질적인 것인 양, 이것이 신앙의 기준이 되기도 합니다. 은총의 수단으로 주어지는 매개체가 그 수단적 성격을 상실하고 그 자체가 목적이 되거나 그 자체의 실행이 곧 그 내용의 실현이라는 착각을 하기 쉽습니다. 은총의 수단을 사용함으로써 자기만족에 빠진다면, 차라리 은총의 수단을 사용하지 않고 마음의 겸손함과 갈급함을 유지하는 것이 나을 것입니다. 그렇다고 해서 우리에게 주어진 은총의 수단을 경시하거나 사용하지 않는 것이 능사가 아닙니다. 오히려 그 본질과 의미에 부합되게 올바로 사용한다면, 우리의 신앙을 확증하고 강화시키는 데 더없는 축복이자 특권이 될 것입니다.

1738. 1. 29. Sun.

Diary

나 자신이 온전히 회개하지 못했다

내가 조지아의 인디언들에게
기독교를 가르치기 위해 고국을 떠난 지 벌써 2년 4개월이 되었다.
그러나 나 자신은 무엇을 배웠단 말인가?
아메리카로 다른 사람을 회개시키려고 갔던 나 자신이
실은 하나님께 온전히 회개하지 못하고 있었다
(전에는 꿈에도 그렇게 생각하지 않았다).
"나는 결코 미쳐서" 이렇게 말하는 것이 아니라
"진실한 마음으로 과장 없이" 말하고 있을 뿐이다.
아직도 어떤 사람들이 그러한 꿈을 꾸고 있다면,
언젠가 그들도 깨어나서 지금의 나와 같은 자신들을
알게 되었으면 하는 마음뿐이다.
그들이 철학을 읽었느냐? 나도 그러하였다.
고대어와 현대어로 읽었느냐? 나 역시 그리하였다.
그들이 신학에 통달하였는가? 나도 다년간 공부하였다.
그들이 영적인 것을 유창하게 말할 수 있는가? 나도 할 수 있다.
그들이 구제를 많이 하였는가?
보라. 나는 내 소유 전부를 빈곤한 사람들을 먹이는 데 썼다.

그들이 자신의 물질을 주는 것처럼 노력도 기울였는가?
나는 그들이 한 것보다 훨씬 많이 수고하였다.
그들이 자신의 형제들을 위하여 고난 받을 각오가 되어 있는가?
나는 내 친구들과 명성과 안일함도 버리고, 심지어 조국도 떠났다.
나는 생명의 위험을 무릅쓰고 미지의 땅을 오갔으며,
내 몸을 깊은 데 삼키게 내어 준 적도 있었다.
더위에 탔으며 수고함으로 탈진했으며, 무엇이든
하나님께서 기뻐하시는 일이면 감당하면서 나를 다 드렸다.
그러나 이 모든 일이 하나님 앞에 용납될 만한 사람으로
나를 만들었는가? 내가 이제까지 한 모든 일이나,
남을 섬기고, 설교하고, 고난당한 일들이
나를 하나님 앞에서 의롭게 만들었는가?
결코 그렇지 않다. 하나님의 거룩하신 말씀이 참이라면,
이 모든 일들이 그리스도를 얻는 믿음 안에서 이루어졌을 때에는
거룩하고 의롭고 좋은 것이겠지만,
그렇지 않다면 '똥이나 찌꺼기' 에 불과해서
'꺼지지 않는 불' 로 태워질 뿐이다.

설교, 1788년 12월 30일, 런던

육신의 눈, 믿음의 눈

"이는 우리가 믿음으로 행하고 보는 것으로 행하지 아니함이로라" 고후 5:7

우리의 모든 외적인 감각들은 명백하게 외적이고 가시적인 세계에 사용됩니다. 감각기관들은 우리가 여기에 사는 동안에만, 우리가 육체의 집에 사는 동안에만 우리에게 쓸모 있도록 만들어졌습니다. 그것들은 보이지 않는 세계와는 아무런 상관이 없습니다. 보이지 않는 세계에 적응하지 못합니다. 그리고 그것들은 보이지 않는 세계와 마찬가지로 영원한 세계에 대해서도 정보를 주지 못합니다. 비록 우리가 현세처럼 영원한 세계가 실재한다는 것을 전적으로 확신한다 해도 그렇습니다.

우리는 죽음이 우리 존재의 끝이라고 생각하지 않습니다. 육체는 실로 흙으로 돌아가지만 영혼은 더 고상한 본연의 존재가 되어 육의 영향을 받지 않습니다. 그러므로 영원한 세계는 어떤 모습으로든지 존재합니다. 그러나 우리가 이것을 어떻게 알 수 있을까요? 무엇이 우리를 가르쳐 이 베일을 거두어 줄까요? '유한성과 무한성 사이에 걸려 있는 저 베일'을 누가 거둘 수 있습니까? 우리 모두는 '우리 앞에 놓인 무한한 광경을' 알고 있지만, 부득이하게 다음의 구절을 덧붙이진 않을 수 없습니다. '아, 하지만 그 위에 구름과 어둠이 뒤덮고 있습니다.'

우리의 감각으로든지 이성으로든지, 우리가 얻을 수 있는 무수한 정보에도 불구하고, 불가시적인 영원한 세계는 '보이는 것에 따라 행하는' 모든 이들에게는 미지의 세계인 것입니다. 그렇다면 모든 인간은 보이지 않는 세계와 연관된 전반적인 무지함 가운데 계속 있어야 할까요? 그럴 수 없습니다. 이방인들도 그 세계와 관련하여 완전한 무지에 빠져 있지는 않았습니다. 다소의 빛이 모든 세대와 나라들 가운데 그 어둠을 뚫고 비쳐졌습니다. 그들이 다양한 근원으로부터 이끌어낸 얼마간의 빛은 보이지 않는 세계와 접촉하고 있습니다. "하늘은 하나님의 영광을 선포하였습니다."

미국 선교를 위해 대서양을 건너던 중에 폭풍을 만나 두려워하는 웨슬리 형제, 침착한 모라비안 교도들과 대조를 이룬다.

우리는 보이지 않는 영원한 세계와 관련된 지식의 편린들이 노아의 식구들로부터 그들의 직접적인 후손들과 먼 후손들에게까지 전달되었다는 사실을 받아들일 수 있습니다. 그리고 이것들이 수많은 우화의 첨가로 모호해지고 왜곡되었다고 할지라도, 어떤 진리들은 여전히 그것들과 뒤섞여 있음으로 해서, 그 빛이 칠흑 같은 어둠 속에서도 간간이 빛나고 있습니다. 하나님께서 그들에게 비와 열매 맺는 계절들을 주시는 동안, 창조자에 대한 불완전한 지식도 나눠 주셨습니다. 하나님의 영원한 참 빛은 어느 정도는 모든 세상 사람들에게 비추어져 있습니다.

이러한 빛들을 모두 더한다 해도 겨우 희미한 빛을 만들어내는 정도밖에는 되지 않습니다. 그들 중 가장 큰 빛을 받는 사람조차도 보이지 않는 세계에 대한 어떤 확증을 사람들에게 주지 못했습니다.

하지만 '믿음으로 행하는' 이들의 경우는 얼마나 다르며, 그들의 탁월함은 얼마나 대단한지요! 그들의 마음의 눈을 밝혀 주시는 하나님이 그들의 영혼에 거룩한 빛을 부어 주셔서 그들은 '눈에 보이지 않는 그분을 볼 수' 있게 됩니다. 하나님과 하나님의 만물을 볼 수 있게 됩니다. 눈으로 본 적도 없고, 귀로도 들어보지 못하여 마음에 생각조차 한 적이 없는 것들을 하나님께서 때때로 "모든 것을 가르치셨던" 예수 그리스도의 기름 부으심을 통해 사람들에게 드러내 보이십니다. '생명의 길이신 예수의 피를 힘입어 거룩함에 들어가서' 만민의 심판자이신 하나님, 그리고 자비로운 언약의 중보자이신 예수와 함께 연합합니다. 이들은 모두 이렇게 말할 수 있습니다. "이제는 내가 사는 것이 아니요, 내 안에 그리스도께서 사시는 것입니다." 나는 이제 하나님 안에서 그리스도와 함께 감추어진 삶을 살고 있습니다. 그리고 나의 생명이신 그리스도께서 재림하실 때, 나도 마찬가지로 영광 가운데 그와 함께 나타날 것입니다.

설교집 119번: 봄으로 걷는 것과 믿음으로 걷는 것
(Walking by Sight and Walking by Faith)

함께 나눔 *

눈은 떴지만 보지 못하는 사람도 있습니다. 이를 당달봉사라고도 하고 청맹과니라고도 합니다. 예수님은 육신의 눈을 멀쩡히 뜨고도 이 세상에서 일어나는 하나님의 일을 보지 못하는 영적인 당달봉사들의 어리석음을 질타하신 적이 있습니다. 특별히 서기관이나 바리새인들을 향하여 "너희가 눈이 있어도 보지 못하고 귀가 있어도 듣지 못하느냐"막 8:18고 책망하셨습니다. 그들은 감각적인 눈으로 예수님이 행하시는 일을 분명하게 보고도 그 진정한 의미를 깨닫지 못했습니다. 그들은 예수님으로 인해 여명처럼 동터 오는 하나님의 나라의 임재를 보지 못했습니다. 육신의 눈으로 볼 수 없는 것을 보는 마음의 눈, 영적인 눈을 뜨는 것은 은혜입니다. "믿음은 바라는 것들의 실상이요 보이지 않는 것들의 증거"히 11:1라는 말씀처럼, 보이지 않는 것들을 보고, 아직 일어나지 않은 일을 이미 일어난 것으로 바라볼 수 있는 믿음의 눈은 복됩니다.

1723. 9. 23

Letter, 옥스퍼드

코피가 멎지 않았죠

사랑하는 어머니,

…… 지금 옥스퍼드엔 천연두와 열병이 한창입니다.

최근에 우리 대학에서 아주 똑똑한 학생이

병이 걸린 지 닷새 만에 죽고 말았습니다.

겨울이 다가오면 이 전염병의 확산이 멈추리라 기대합니다.

집안이 모두 무사하다니 기쁘기 그지없습니다.

저 역시 하나님의 은혜로 가끔 코피가 나는 것 말고는

어떤 어려움도 겪지 않고 있음을 감사하고 있습니다.

얼마 전에 저녁에 옥스퍼드에서 1~2마일 가량 떨어진 곳을

산책하고 있었는데 갑자기 코피가 쏟아져

숨이 막힐 지경이 되었습니다. 아무리 해도 코피가 멎지 않았습니다.

다행히도 멀지 않은 곳에 강이 있어

옷을 벗어젖히고 강물로 뛰어든 후에야,

피가 멈추었습니다.

1738. 3. 4. Tue.

Diary

설교를 그만둘까?

'설교를 그만두어라. 네 자신이 믿음이 없는데
어떻게 다른 사람에게 설교를 할 수 있는가?' 라는 생각이
갑작스럽게 나의 마음을 때렸다. 그래서 나는 피터 뵐러*에게
내가 설교를 그만두어야 하는지에 대해 물었다.
"결코 그렇지 않습니다." 그는 대답하였다.
"그렇다면 내가 무엇을 설교할 수 있습니까?" 나는 다시 물었다.
"당신이 믿음을 갖게 될 때까지 믿음에 관하여 설교하십시오.
그러면 당신이 믿음을 갖게 될 것이기 때문에,
당신이 믿음을 설교할 수 있을 것입니다"라고 그는 대답하였다.
그래서 3월 6일 월요일에 내 영은 그 밑바닥에서 뒷걸음질하고
있었지만 나는 이 새로운 교리에 대하여 설교하기 시작하였다.
믿음으로만 얻게 되는 구원을 내가 처음으로 전한 사람은
사형 언도를 받은 한 죄수였다. 그의 이름은 크리포드였다.
뵐러가 전에도 여러 차례 그에게 전도하라고 권한 적이 있었다.
그러나 나는 그렇게 할 수가 없었다.
나는 여러 해 동안 그러했듯이, 죽음을 앞에 둔
때늦은 참회는 불가능하다는 것을
열심을 다해 주장해 온 사람이었기 때문이었다.

*피터 뵐러 – 영국에서 활동하던 모라비안 형제단의 목사

1738. 5. 24. Wed.

Diary

올더스게이트의 뜨거운 체험

저녁에 나는 별로 내키지 않는 걸음으로
올더스게이트 거리에 있는 한 집회에 참석하였다.
그때 거기에서 한 사람이 루터의 로마서 서문을 읽고 있었다.
8시 45분경에 그가 그리스도 안에 있는 믿음을 통하여
하나님께서 마음에 변화를 일으키시는 일을 설명하고 있을 때,
나는 내 마음이 이상하게 뜨거워짐을 느꼈다.
나는 내가 그리스도를 신뢰하고 있다고 느꼈다.
그리고 구원을 위해, 다만 그리스도만 믿고 있음과 주께서 내 죄를,
아니 내 죄까지도 다 거두어 가시고
나를 죄와 사망의 법에서 건져 주셨음을 확실히 믿게 되었다.

설교, 1785년, 월일미상, 런던

순전한 믿음

"예수께서 나다나엘이 자기에게 오는 것을 보시고
그를 가리켜 이르시되 보라 이는 참으로 이스라엘 사람이라
그 속에 간사한 것이 없도다" 요 1:47

우리는 먼저 우리의 마음을 하나님 앞에 진실하게 드린다는 말 속에 무슨 의미가 있는지 살펴보아야 합니다. 이것은 "내 아들아, 네 마음을 내게 주라"는 은혜로운 명령 속에 내포되어 있는 것을 의미합니다. 우리가 마음을 하나님께 드릴 때에 하나님 앞에 진실할 수 있습니다. 우리가 하나님 안에서 행복을 구할 때에는 가장 낮은 곳에서 우리 마음을 드려야 합니다. 우리는 '육신의 정욕' 이나 '안목의 정욕', 즉 감각적인 쾌락을 만족시키거나 자연이든지 예술이든지 간에 근사하고 새롭고 아름다

운 대상에서 비롯되는 상상력의 쾌락을 만족시키는 가운데서 행복을 구하지 않아야 합니다. 그리고 '이생의 자랑,' 다시 말하면 사람들로부터 사랑받고 평가받고, 박수갈채를 받는 가운데서 행복을 구하지 않아야 합니다. 교만하고 무지하게 "보물을 땅에 쌓아 두지 말아야 합니다." 우리가 그러한 것들 가운데서 행복을 구하지 않을 때, 우리는 어떤 의미에서 우리의 마음을 하나님에게 드리는 것이 됩니다.

그러나 우리가 적극적으로 하나님 안에서 행복을 찾을 때 우리는 올바로 우리의 마음을 하나님에게 드리는 것이 됩니다. 이러한 행복은 의심할 여지 없이 성령의 가르침을 통해 하나님을 알기 시작할 때에 시작됩니다. 그리고 아버지께서 기쁘게 우리 마음속에 그의 아들을 계시해 주셔서 우리가 겸손하게 그분을 "나의 주님이시며 하나님이십니다"라고 고백하며, 우리가 "마음속에서 아바 아버지라고 부르짖고, 우리 영과 더불어 우리가 하나님의 자녀임을 증거하시는 아들의 영"을 통해서 우리에게 아버지를 계시해 주실 때, 이러한 행복은 시작됩니다. 그 사랑의 정도에 따라서 우리의 행복이 결정됩니다.

다시 되돌아가서, 간사한 것이 없는 사람의 성실성과 단순성은 모든 행위에 영향력을 미칩니다. 그것은 모든 외적인 대화를 더욱 선명하게 합니다. 그것은 냉소하는 것, 불화를 일으키는

엡윗에 있는 웨슬리 기념교회

것, 난폭함과 퉁명함 등과는 거리가 멉니다. 그것은 분명하고 꾸밈이 없으며, 모든 가식으로부터 자유로우며 자신의 마음을 있는 그대로 표현합니다. 끊임없이 마음을 지배하는 진실과 사랑은 솔직한 태도와 평화로운 모습을 띠게 합니다. 카스틸 왕은 "하나님께서 사람을 만드실 때, 한 가지 주요한 결점을 남겨 놓으셨는데, 그것은 사람의 가슴에 창문을 달아 놓은 것이다"라고 말하였는데, 그것은 사실입니다. 왜냐하면 사람은 자신의 말과 행동으로 자신의 가슴에 달린 창문을 열기 때문입니다.

진실과 사랑이 합쳐진 것이 덕행이나 거룩함의 본질입니다. 하나님께서는 우리의 모든 말과 행동에 영향을 끼치는 "마음의 중심의 진실함"을 요구하십니다. 사랑과 분리된 진실은 하나님이 보시기에 아무것도 아닙니다. 온 인류에 대해 겸손하고, 온유하며, 인내하는 사랑을 모든 사랑의 기초인 하나님에 대한 사랑에 고정시켜야 합니다. 그것은 믿음에서 나오는 것입니다. 하나님께서 나의 죄를 위하여 그의 독생자를 주셔서 죽게 하셨다는 사실을 확신하는 데서 나옵니다. 그러면 그 모든 것들이 용해되어 "모든 사람이 받을 만한" 하나의 위대한 결론에 이르게 됩니다. "그리스도 예수 안에서는 할례나 무할례나 효력이 없으되 사랑으로써 역사하는 믿음뿐이니라"갈 5:6.

설교집 90번: 참 이스라엘 사람 (An Israelite Indeed)

함께 나눔 *

신앙은 단순하고 순전해야 합니다. 복잡하거나 계산적이 되면 마음의 순수성이 사라집니다. 그러면 마음의 중심이 욕망의 물결에 요동하기 시작합니다. 신앙은 마음의 중심을 주님께 드리는 행위입니다. '두 마음을 품어 정함이 없는' 사람은 주님께 온전한 사랑을 드릴 수 없습니다. 우리는 육신의 정욕, 안목의 정욕, 이 세상의 자랑을 철저하게 내려놓고 마음을 비울 때, 단순하고 순전해질 수 있습니다. 우리는 이럴 때 '마음을 다하고 뜻을 다하고 정성을 다하여' 하나님께 나아갈 수 있습니다. 때로 우리는 우리 몸에 붙어 있는 불순물을 제거하기 위하여 정련의 용광로를 통과해야 합니다. 고난을 통하여 우리의 삶이 단순해지고 분명해지고 순전해집니다. 참된 영성은 단순함, 자기 비움 속에서 깊어지고 넓어집니다. 복잡하고 분주한 세상 속에서 이기적이고 타산적으로 살아가는 현대인들에게 단순함과 순전함을 회복하는 것이야말로 황폐해진 인간성을 회복하는 길이기도 합니다.

1726. 12. 6

Letter, 옥스퍼드

너는 언제나 착했다

사랑하는 형님,

…… 그날 저녁 동생이 함께 산책을 나가자고 하여
같이 나갔다가 동생으로부터 그 이야기를 들었습니다.
저녁식사를 마치고 15분가량 정원을 거닐다가
즉시 아버지를 뵈러 뛰어갔습니다.
아버지께서는 홀 안에서 저를 직접 맞아 주셨습니다.
저는 눈물을 흘리며 제가 아버지께 반항하는 말을 하며,
아버지께 편지를 쓰지 않는 등 여러 가지로 아버지를 괴롭혀 왔음을
동생을 통해서 비로소 알게 되었다고 고백하였습니다.
그리고 이제부터는 무슨 일이든 아버지께서 기뻐하실 일을
하겠노라고 약속하였습니다.
아버지께서 저에게 키스를 해 주셨는데,
아버지 역시 우시는 것 같았습니다.
그리고 저에게 "너는 언제나 본심은 착했다"(아버지의 말씀입니다)고
말씀해 주셨습니다.

1739. 1. 1. Mon.

Diary

주의 영이 강하게 임하셨다

나와 홀, 킨친,

영함, 휫필드, 허친스 그리고 내 동생 찰스는

페터레인에서 다른 60여 명의 형제들과 함께

사랑의 애찬에 참석하였다.

새벽 3시경 우리가 즉석 기도를 계속하고 있을 때

하나님의 능력이 우리 위에 강하게 임하셨다.

우리는 넘치는 기쁨을 주체할 수 없었고,

많은 사람들이 울음을 터뜨렸으며 땅에 엎드렸다.

하나님의 현존하시는 위엄의 경이로움에서 깨어나자마자

곧 우리는 한목소리로 고백했다. "우리가 하나님을 찬양하나이다.

우리는 당신이 주가 되심을 아나이다."

1739. 3. 2. Fri.

Diary

용서받은 여인

모든 형제들이 나에게 옥스퍼드에 가서 며칠 보내라고 권고하기에, 토요일에 그곳으로 갔다. 내가 오래도록 기억할 놀라운 주의 능력이 역사한 사건이 그곳에서 일어났다. 내가 경험한 '새로운 길' 에 대하여 이성을 잃을 정도로 분노하고 격렬하게 반대했던 한 여인을 방문하였을 때였다. 논생으로는 아무런 성과도 없을 것이고, 오히려 그 여인을 더욱 더 불붙이게 될 것을 알았으므로, 나는 토론을 중단하고 함께 기도하자고 청하였다. 그러자 그 여인은 이에 동의하고 무릎을 꿇었다. 몇 분이 지나자 그 여인의 마음이 극한 고뇌 속에 빠지게 되었다. 기도를 마친 후에 그 여인은 이전에 볼 수 없었던 진실한 자세로 울먹이며 말했다. "이제 나는 내가 그리스도로 말미암아 용서받았음을 압니다."

설교, 1765년, 월일미상, 런던

구원의 단계

"너희는 그 은혜에 의하여 믿음으로 말미암아 구원을 받았으니" 엡 2:8

구원이란 종종 듣는 대로 천국에 간다든가, 영원한 행복이라든가 하는 말이 아닙니다. 여기에서 구원이란 영혼이 아브라함의 품눅 16:22 안에 안기는 것이나, 죽음 건너편, 즉 우리가 흔히 말하는 저세상에서 누리는 행복이 아닙니다. 이러한 해석의 단서는 "구원을 받았으니"(You are saved)라는 표현에 있습니다. 이것은 먼 데 있는 어떤 것이 아니라 현재의 상태를 말합니다. 다시 말하면 값없이 주시는 하나님의 자비로 말미암아 지금 누리는 축복을 말하는 것입니다. 이 구절은 또한 현재완료, "당신은 이미 구원을 받았다"(You have been saved)로 번역될 수 있습니다. 따라서 여기서 말하는 구원은 우리 영혼에 처음으로 은혜의 동이 틀 때부터 그것이 영광으로 완성될 때까지 하나님의 전 역사에 미치는 것입니다.

이 구원을 넓은 의미로 본다면, 우리가 종종 말하는 '타고난 양심' 더 적당하게 표현하면 '선행先行 은총'에 의하여 우리 영혼 속에 역사한 것 전부를 포함하는 것입니다. 이 '선행 은총'은 하늘 아버지께서 이끄시는 역사요 6:44이며, 우리가 순종하면 할수록 더욱 커지는 하나님에 대한 갈망, 하나님의 아들이 세상 모든 사람에게 비추는 그 모든 빛, 곧 사람에게 공의를 행하고 인자를 사랑하며 겸손히 하나님과 동행하도록미 6:8 지시하시는 모든 것들을 의미합니다. 또한 이 선행 은총이란 성령께서 때때로 모든 사람에게 일으키시는 모든 확신을 말합니다. 이런 것을 누구나 지니고 있는 것은 틀림없는데, 대부분의 사람들은 이 성령의 역사를 즉시 최대한 억눌러 버리거나 잊어버리거나 또는 부정합니다.

이제 사도들이 직접 말하고 있는 그 구원에 대해서 말하려고 합니다. 이것은 두 부분으로 나눌 수 있는데, 곧 칭의稱義와 성화聖化입니다. '칭의'는 '용서'와 같은 말입니다. 이것은 우리의 모든 죄에 대한 용서를 말하는 것으로 우리가 하나님께 용납되는 것입니다. 이를 위하여 지불하는 값은 그리스도의 보혈과 의입니다. 좀 더 분명히 말한다면, 이것은 그리스도께서 우리를 위하여, 자기의 영혼을 버려 고난과 죽음을 당하신 것을 뜻합니다. 칭의에 따르는 즉각적인 결과는 하나님이 주시는 평화, 곧 모든 지각에 뛰어난 평화이며, 하나님의 영광의 소망 안에서 기뻐하며, 그 온전한 영광으로 인하여 말할 수 없이 기뻐하는 것입니다.

우리가 칭의를 입는 바로 그 순간에 성화는 시작됩니다. 그 찰나에 우리는 거듭납니다. 즉 위로부터 성령으로 태어나는 것입니다. 여기에는 실질적인 변화와 상대적인 변화가 있습니다. 우리는 하나님의 능력에 의하여 내적으로 새로워집니다. 곧 우리에게 주신 성령으로 말미암아 우리 마음에 부은바 된 하나님의 사랑을 느낍니다. 이 사랑은 우리 안에 있는 교만, 분노, 고집이나 그 외의 악한 것들과 함께 세상의 향락, 안위, 명예, 돈에 대한 사랑을 내쫓습니다. 그와 동시에 모든 인류, 특히 하나님의 자녀들에 대한 사랑을 일깨워 줍니다. 다른 말로 하면, 땅에 속한 악마적인 우리의 마음을 그리스도 예수 안에 있는 마음으로 변화시키는 것입니다.

이런 변화를 체험한 사람들은 자신의 모든 죄가 없어졌다고 상상할 것입니다. 다시 말하면 죄는 자신의 마음에서 뿌리째 뽑

존 웨슬리는 순회 설교를 위해 험한 시골길, 악천후
그리고 노상강도의 위험도 마다하지 않았다.

히고, 이제 어느 구석에도 죄가 없다고 상상할 것입니다. 따라서 '나는 죄를 느끼지 않는다. 그런고로 나에게는 죄가 없다. 죄가 일어나지 않으니 죄는 살아 존재하지 않는다. 죄의 움직임이 없으니 죄의 존재는 없어졌다' 고 추론할 것입니다. 그러나 얼마 가지 않아서 그 견해가 잘못된 것을 깨닫게 됩니다. 즉 죄가 일시적으로 정지된 상태이지 멸망된 것이 아니라는 사실을 알게 되는 것입니다. 유혹은 다시 오고 죄는 살아납니다. 여기서 우리는 죄가 전에 단지 일시적으로 붕괴한 것이지, 완전히 죽은 것이 아님을 알게 됩니다. 지금 저들은 자신들 속에 두 가지 상반되는 두 세력이 있음을 느끼게 됩니다. 구체적으로 말하면 성령을 거스르는 육체의 소욕갈 5:17이 하나님의 은총에 저항하고 있는 것입니다. 과연 저들은 하나님을 사랑하고 그리스도를 믿는 힘을 느끼고, 또한 하나님의 영이 자신들의 영과 더불어 저희가 하나님의 자녀임을 증거함을 알고 있지만, 아직도 속에 자만, 고집, 분노, 불신앙이 있음을 부인할 수 없는 것입니다. 이런 것들이 성령을 이기지는 못한다 하더라도 종종 일어나는 현상입니다. 그렇습니다. 아마도 그것들이 우리를 넘어뜨리려 공격할 것입니다. 그러나 주님은 우리를 도우십니다.

우리가 거듭난 때부터 성화의 점진적인 역사는 시작됩니다. 우리는 성령으로 말미암아 육의 행위와 악한 성질에서 나오는 행위를 억제할 수 있습니다. 그리하여 우리가 죄에 대하여 죽으면 죽을수록 하나님을 향하여는 더욱 살게 됩니다. 우리는 모든 모양의 악을 조심하여 피하며, 기회 있는 대로 사람들에게 선을 행하고, 착한 일에 열심을 내면서, 은혜에서 은혜로 나아가게 됩니다. 또 책망할 것이 없이 하나님의 법도 안에서 걸으면서 성령과 진리로 하나님께 예배드리며, 자기 십자가를 지고 하나님께 향하는 것을 방해하는 모든 것들을 부정하면서, 다시금 은혜에서 은혜로 계속 나아가는 것입니다.

이와 같이 우리는 "완전한 데로 나아갈지니라"히 6:2라는 말씀대로 우리의 모든 죄, 곧 자만, 고집, 분노, 불신앙 등으로부터의 온전한 구원을 위하여 완전한 성화를 바라고 있습니다. 그러면 무엇이 '완전' 입니까? 이 완전이란 말은 여러 가지 뜻이 있지만, 여기서 이 말은 완전한 사랑을 뜻합니다.

설교집 43번: 성경적 구원의 길 (The Scripture Way of Salvation)

함께 나눔

구원은 하나님에 의해 주도되어 인간의 응답에 의해 이루어지는 은총의 사건으로 현재적이면서 동시에 미래적이며, 즉각적이면서 동시에 점진적인 사건입니다. 이 사건을 시간적으로 도식화하여 단계를 구획하는 것은 무리가 있지만, 이해를 위해 논리적인 측면에서 단계적으로 설명할 수 있습니다. 인간을 위한 구원의 단계는 하나님의 선행 은총에서 시작합니다. 이 하나님의 은총은 죄로 인해 하나님으로부터 멀어졌던 인간의 마음을 두드리며 하나님 자신에게로 이끕니다. 이때 회개의 역사가 일어납니다. 회개란 하나님을 향하여 돌아섬입니다. 회개의 결과 예수 그리스도로 말미암아 주어지는 죄의 용서와 칭의, 즉 의롭다 함이 이루어집니다. 그러나 칭의 자체가 질적인 성화를 의미하는 것은 아닙니다. 성화는 하나님의 은혜 안에서 더욱 자라서 하나님의 거룩한 성품에 참여하며, 하나님의 완전한 사랑을 소유하는 것입니다. 이런 의미의 그리스도인의 완전은 의도의 순수성을 가질 뿐, 지상에서 완성되는 것은 아닙니다. 그리스도인의 완전이 오롯이 이뤄지는 것은, 부활 이후 주어지는 영화의 단계에서 가능할 것입니다.

1727. 1. 24

Letter, 옥스퍼드

시간 허비는 규모 없는 일이죠

사랑하는 어머니,

저는 곧 석사 학위를 받게 됩니다.

석사 학위를 받게 되면 그때부터는 제가 선택하지 않은 일로 방해를 덜 받고, 제가 스스로 선택한 연구 과제를 적어도 수년 동안이라도 지속할 것입니다.

알아도 별 가치가 없는 진리도 많이 있다는 어머니의 말씀에 저도 전적으로 동의합니다. 우리가 600년 정도 살 수 있다면, 호기심이 이끄는 곳에 충분한 시간을 쏟아도 좋겠지만, 우리에게 주어진 이 짧은 시간 중에 확실한 보장이 주어지지 않는 일에 그처럼 많은 시간을 허비하는 것은 규모 없는 짓이라고 생각합니다.

1739. 4. 2. Mon.

Diary

복음 선포

오후 4시에

나는 품위가 상실되는 것을 감수하기로 결심하고,

간선도로 옆, 시가지로 연결된 나지막한 언덕 위에 서서

약 3,000명의 군중에게 복음의 기쁜 소식을 선포하였다.

내가 선포한 성경 말씀은 이것이었다: "주의 성령이

내게 임하셨으니, 이는 가난한 자에게 복음을 전하게 하시려고

내게 기름을 부으시고, 나를 보내사 포로 된 자에게 자유를,

눈먼 자에게 다시 보게 함을, 눌린 자를 자유케 하고,

주의 은혜의 해를 전파하려 하심이라."

2

그리스도인의 완전을 향하여

루터는 그리스도인이 예수 그리스도로 인해 의롭다고 인정을 받아도, 말 그대로 인정을 받을 뿐이지 인간은 여전히 죄인일 따름이라고 봅니다. 그래서 그는 그리스도인을 "의인이면서 동시에 죄인"이라고 표현합니다. 하지만 존 웨슬리는 비록 우리가 원죄를 지닌 인간이지만, 원죄보다 강하신 은총의 충만함과 성령의 도우심으로 실제적인 거룩함과 그리스도인의 완전을 이룰 수 있다고 주장합니다. 물론 그렇다고 그가 그리스도인이 일상적으로 경험하듯이 과오를 범하지 않고 완벽하다는 의미에서 완전을 말하는 것이 아닙니다. 그가 말하는 그리스도인의 완전이란 마음과 뜻과 정성을 다하여 하나님을 사랑하고, 이웃을 사랑하는 사랑의 완전, 온전한 성화를 위한 순수한 의도와 열정을 말합니다.

존 웨슬리 찬송시

결코 낙심하지 않으리

오라, 주님을 따르는 이들이여,
예수님의 베푸신 은혜에 참여하라.
주께서 거룩한 말씀을 주신다.
주님의 법도와 명령을 따라,
구하고 받으라, 필요한 모든 것을.
우리는 매 순간 기도하리,
결코 낙심하지 않으리.
저 유혹자 사탄이 개입할 수 없도록
기도를 쉬지 않으리.
게으른 육신에게는 지치고 힘든 일이겠지만
우리는 십자가 지고 가리라.
그 짐으로 인해 감사하리라.
우리의 모든 슬픔 주님께 보여드리며
겸손히 우리의 간구를 쏟아 놓으리.
오래 참으라.
늘 우리의 필요를 간구하라.
끈기 있는 기도로 모든 약속은 반드시 이루어지리.

결국 우리는 저 한낮의 광명을 볼 것이며,
흠 없는 성도로 깨어 일어나리.
모든 것이 새로워지고 사랑 안에서 완전해지더라도,
우리는 끊임없이 기도하리.
위로부터 내려오는 구원자를 볼 때까지.
그분의 천상의 아름다움을 볼 때까지.
천사들조차 생각할 수 없는 그 아름다움을.
우리는 매 순간 기도하리.
결코 낙심하지 않으리.

『메소디스트라 불리는 사람들을 위한 찬송시 선집』, 286번

설교, 1733년 1월 1일, 옥스퍼드

나를 따라오려거든

"또 무리에게 이르시되 아무든지 나를 따라오려거든 자기를 부인하고 날마다 제 십자가를 지고 나를 따를 것이니라"눅 9:23

훌륭한 그리스도의 군사는 어려움을 견디기 위하여 훈련으로 자신을 단련해야 합니다. 이를 통해 굳세고 강해져서 어두움의 행위만이 아니라 하나님의 율법에 복종하지 않는 모든 욕망을 포기할 수 있습니다. 사도 요한이 말한 바와 같이 "주를 향하여 이 소망을 가진 자마다 그의 깨끗하심과 같이 자기를 깨끗하게"요일 3:3 합니다. 사람은 누구나 주님께서 순결하신 것처럼 자신을 순결하게 해야 합니다. 그리스도 안에 있는 하나님의 은혜에 의해 그리고 계약의 피를 통하여 이전에 자신의 영혼을 점하고 더럽혔던 욕망으로부터 근본적으로 깨끗하게 하는 것이 훌륭한 그리스도 군사의 매일매일의 관심입니다. 불결, 시기, 악의, 분노로부터, 곧 육체로 말미암은 본성의 부패로부터 깨끗하게 되는 것입니다. 그는 또한 하나님의 전인 자신의 몸이 비천하고 불결한 것을 전혀 용납해서는 안 된다는 것과 성결의 영이 살아 계시는 거룩한 집이 되어야 함을 잘 알고 있습니다.

그러나 겸손한 마음과 믿음과 소망으로 인해 당신의 마음을 본성적인 더러움에서 깨끗하게 했다고 할지라도 한 가지 부족한 것이 있습니다. 만일 당신이 완전하게 되려 한다면, 이 모든 것에 사랑을 더하십시오. 사랑을 더할 때에 당신은 '마음의 할례'를 하는 것입니다. "사랑은 율법의 완성"롬 13:10입니다. 사랑에 연관된 매우 훌륭한 표현들이 있습니다. 사랑은 모든 미덕의 본질, 정신, 생명입니다. 사랑은 다만 최초의 위대한 계명이 아니라, 모든 계명이 하나로 된 것입니다. 모든 좋은 것과 모든 순결한 것과 모든 사랑스러운 것, 혹은 영예로운 것, 덕스러운 것과 칭찬할 만한 것들이 있다면, 그러한 것은 모두 사랑이라는 말에 포함됩니다. 사랑 안에 완전한 영광과 행복이 있습니다. 하늘과 땅의 가장 귀중한 법은 이것입니다. "네 마음을 다하며 목숨을 다하며 힘을 다하며 뜻을 다하여 주 너의 하나님을 사랑하고"눅 10:27.

:: 1760년, 월일미상, 런던

그리스도를 따르고 그의 참된 제자가 되려는 모든 사람들은 자기를 부인할 뿐 아니라, 자기 십자가를 져야만 합니다. 십자가는 자신의 뜻과 상반되는 것이며, 자신의 본성에 무언가 만족스럽지 못한 것입니다. 따라서 십자가를 진다는 것은 자기 자신을 부인하는 것보다 더 어려운 일입니다. 십자가를 진다는 것은 보다 높은 경지에 올라가는 일이며, 혈육을 가진 인간에게는 매우 어려운 과제입니다. 왜냐하면 고통을 참는 것보다는 쾌락을 따르는 것이 훨씬 쉬운 일이기 때문입니다.

하나님의 뜻을 따라 '우리 앞에 놓여 있는' 길을 달리다 보면 그 길에 십자가가 놓여 있기 마련입니다. 그 십자가는 무언가 즐겁지 않은 것일 뿐만 아니라 우리의 본성을 거스르는 그런 성격의 것입니다. 그렇다면 어떻게 해야 합니까? 선택은 분명합니다. 우리가 우리의 십자가를 지든지, 아니면 하나님의 길, 즉 우리에게 내리신 거룩한 명령을 외면하든지 해야 합니다.

만일 우리가 하나님 외면하기를 완전히 멈추지 않는다면, 영원한 지옥으로 되돌아가게 될 것입니다. 모든 사람이 간직한 부패와 사악한 질병을 치료하기 위해서는 사실상 오른쪽 눈을 뽑아 버리고 오른손을 자를 필요가 적지 않습니다. 이러한 일을 수행하는 것이나 수행하는 방법은 참으로 고통스러운 일입니

존 웨슬리가 브리스톨에 세운
감리교회 최초 예배당 뉴룸(New Room)

다. 말하자면 어리석은 욕망과 과도한 집착에서 떠나는 일인데, 이런 일이 없이는 죄악과 질병이 결코 소멸되지 않습니다.

이러한 것이 영혼에 깊이 뿌리 박혔을 때 이런 욕망과 집착을 떼어 버린다는 것은 예리한 칼로 가슴을 찌르는 것과 같고, '영과 육, 뼈마디와 골수'를 발라내는 것과 같습니다. 그때 주님께서는 인간의 불순물을 태우시는 불꽃으로서 우리의 영혼 속에 자리 잡으십니다. 이것이 바로 십자가입니다. 이것은 본질적으로 고통스러운 것이며 그 일의 성격상 그럴 수밖에 없습니다. 하지만 영혼은 두 동강이로 찢겨질 수 없으며, 고통 없이는 연단의 불길 속을 통과할 수 없습니다.

설교집 17번: 마음의 할례 (The Circumcision of the Heart);
설교집 48번: 자기 부인 (Self-denial)

함께 나눔 *

그리스도인이란 예수가 길이요 진리요 생명이라고 믿고, 그가 가신 길을 따르는 사람입니다. 믿지 않으면 따를 수 없고, 따르면서 믿지 않을 수 없습니다. 그러나 예수를 믿을 수는 있는데, 그를 따르는 일은 어려워 보입니다. 예수의 길은 십자가의 길이기 때문입니다. 우리 인간은 본성적으로 고난을 싫어합니다. 그리고 이 세상의 지혜는 십자가의 길을 미련하고 어리석게 여기며 조롱하기 때문입니다. 때로는 예수를 따르는 삶이 주류적인 가치와 질서에서 벗어난 소수자나 변방의 삶처럼 느껴지기 때문입니다. 십자가를 지는 일은 인간의 본성을 거스르는 일이지만, 그 안에 이 세상이 줄 수 없는 마음의 평안과 기쁨과 소망이 있습니다. 이러한 십자가의 비밀을 알기 위해서는 십자가를 지는 훈련이 필요합니다. 십자가를 지는 것이 또 하나의 멍에를 매는 것처럼 느껴지지만, 세상이 주는 멍에보다는 가볍고, 그 멍에로 인해 세상의 모든 짐이 훨씬 가벼워진다는 사실을 깨닫게 됩니다.

1739. 6. 24. Sun.

Diary

말에서 떨어졌지만

내가 로스그린으로 말을 타고 가고 있을 때였다.
노면이 평평하고 미끄러운 곳에서 갑자기
내 말이 머리를 치켜들면서 떨어져 한참을 굴렀다.
나는 편자에 조금 다쳤을 뿐 별다른 상처를 입지 않았다.
그 상처로 인해서도 별 고통을 느끼지 아니하고
6,000~7,000명의 군중에게
"먹든지 마시든지 무엇을 하든지 너는 모든 것을
하나님의 선교를 위하여 하라"는
생의 중요한 방향을 제시하는 설교를 하였다.

1739. 10. 3. Wed.

Diary

가련한 죄수들의 영혼

나는 시간을 내어 그들을 살펴보았다.
캐슬시 형무소에 있던 가련한 죄수들은 그들의 영혼을 위해
아무런 돌봄도 받지 못하였다. 아무도 가르치지 않았고
충고하지도 않았다. 아무도 작업장을 방문하지 않았는데,
그곳은 우리가 동정의 대상을 생생하게 만날 수 있는 곳이었다.
약 20명의 가난한 집 학생들이
여러 해 동안 배우던 작은 학교는 다 쓰러질 형편이었다.
거기에는 한때 서로 하나로 연결되어서 하나님의 장중에서
서로 격려하던 사람들이 있었으나, 지금은 아무도 이를
지원하지 않고 출석하는 이들도 없다. 대부분의 사람들은
서로 갈라지고 사방으로 흩어져 버렸다.
"주여! 지금은 주님의 때입니다.
주여! 당신의 손을 펴실 때입니다."

1739. 11. 27. Tue.

Diary

학교를 세우자

나는 D에게 (그의 요구에 따라)
킹스우드에서 일어난 일을 간략하게 적어 보냈다.
"상황은 이미 변하였다. 킹스우드에는 전과 같이
저주와 불경스러운 말을 하는 사람이 없다.
거기에는 더 이상 술주정뱅이나 지저분한 사람, 그리고
자연 발생적인 게으름뱅이, 오락에 빠진 사람들을
볼 수가 없다. 더 이상 싸움이나 다툼도 없고 아우성치는 일이나
저주하고 시기하는 일이 없다. 평화와 사랑만이 거기에 있다.
많은 사람들이 온유하고 부드러워졌다.
그들은 울부짖지도, 악다구니를 쓰지도 않았으며,
거리에서 거의 소리를 들을 수 없었다. 그리고 그들은
일상적인 오후 기분전환을 위해 오락할 때를 제외하면,
하나님을 찬양하였다. 그들은 자신들의 평화를 위하여
필요한 것을 자녀들에게도 알려 주기 위하여 킹스우드에 학교를
세우자는 제안을 하였으며, 많은 유형무형의 어려움 속에서도,
6월 말에 학교의 기초를 놓았다."

설교, 1760년, 월일미상, 런던

영혼에 어두움이 깃들 때

"지금은 너희가 근심하나 내가 다시 너희를 보리니 너희 마음이 기쁠 것이요 너희 기쁨을 빼앗을 자가 없으리라" 요 16:22

대개 여러분의 영혼을 어두움에 빠뜨리는 것은 노력의 결핍, 영적인 태만 등입니다. 당신은 그런 상태에서 평안히 살고 있습니다. 당신의 전선에는 전혀 싸움이 없습니다. 당신은 겉으로만 의무를 지키는 평탄한 길에 주저앉아 머무는 것에 만족하고 있습니다. 그러는 동안 당신의 영혼이 죽어간다는 사실에 놀라지 않습니까? 주님 앞에서 생기를 되찾으십시오! 일어나 먼지를 털어 버리십시오! 강력한 축복을 얻기 위해 하나님과 씨름을 해보십시오! 기도로써 하나님께 당신의 영혼을 쏟아 놓으며, 불굴의 노력으로 그것을 계속하십시오! 잠에서 깨어나십시오! 그리고 계속 깨어 있으십시오! 그렇지 않으면 아무것도 기대할 수 없으며, 당신은 하나님의 빛과 생명으로부터 점점 멀어지게 될 것입니다.

만일 자신을 철저히 그리고 엄격하게 검토해 본 결과 당신이 현재 영적인 태만이나 내적이며 외적인 죄에 굴복했다는 것을 발견할 수 없으면, 그때에는 과거를 회상해 보십시오! 당신이 과거에 가졌던 기질과 말과 행동을 생각해 보십시오. 이것들이 주 앞에서 정당합니까? 자리에 누워 주님과 교통하며 잠잠하십시오. 주님께서 당신의 마음의 근원을 살펴보시도록 간구하십시오. 어느 때건 하나님의 영광의 길을 거역한 일이 있는가를 기억해 보십시오. 만일 회개하지 않은 어떠한 죄책이라도 당신 영혼에 남아 있다면, 당신은 회개함으로 새롭게 되고 '죄와 더러움을 씻기 위해 있는 샘'에서 믿음으로 씻김을 받기 전까지 어두움 속에 있을 수밖에 없습니다.

"그러나 영혼을 위해서는 어두움이 빛보다 훨씬 유익하다. 마음속에서 일어나는 하나님의 역사는 내적으로 고통당하는 동안 가장 신속하고도 효과적으로 일어난다. 믿는 자들은 기쁨보다는 슬픔에 의해 보다 신속하고 철저하게 순결해진다. 끊임없는 평화보다는 고민과 괴로움과 정신적인 순교가 훨씬 유익

의자 위에서 설교하는 웨슬리

하다." 신비주의자들은 이런 식으로 가르치며 책에 기록하고 있지만, 그것은 하나님의 말씀에 근거한 가르침이 아닙니다. 하나님의 부재하심이 우리 마음속에서 하나님의 역사를 가장 완전하게 한다는 말은 성경 어느 곳에도 없습니다. 도리어 하나님의 임재와 성부와 성자와의 분명한 교통을 밝히고 있습니다. 성령 안에서의 기쁨은 그 기쁨이 없는 것보다 훨씬 효과적으로 영혼을 정결하게 할 것입니다. 그래서 하나님이 주시는 평화는 세속적인 애착의 불순물로부터 영혼을 정결하게 하는 최상의 수단이 됩니다.

하나님의 나라가 내부 분열된다든지, 하나님의 평화나 성령 안에서의 기쁨이 의로움에 방해가 된다든지, 우리가 구원받은 것은 믿음에 의해서가 아니라 불신에 의해서라든지, 소망에 의해서가 아니라 절망에 의해서라든가 하는 식의 한가한 망상을 버리십시오. 사람들이 이와 같은 망상에 빠져 있는 한, 그들은 당연히 '어둠 속에서' 행할 수밖에 없습니다. 우리는 문제의 원인을 제거하지 않은 채, 그 부정적인 결과가 종식되리라고 생각해서는 안 됩니다. 무지나 죄 때문에 어두움이 생겼을 때에 그 중에 어느 것이 제거된다고 하더라도, 지금까지 방해를 받았던 빛이 즉시 회복될 수는 없습니다. 그것은 하나님께서 값없이 주시는 선물이기 때문에 하나님께서 기뻐하실 때에 그 빛을 회복시켜 주실 것입니다. 죄를 지었을 경우, 그 빛이 즉시 회복되리라고 생각하는 것은 옳지 않습니다. 죄는 형벌 이전에 시작되었습니다. 그러므로 죄가 없어진 후에도 형벌은 남아 있게 될 것입니다. 이것은 사물의 자연적인 법칙에 있어서도 마찬가지입니다. 화살이 살 속에 박혀 있는 한 상처는 치료되지 못합니다. 또 그 화살촉이 뽑히자마자 상처가 낫는 것도 아닙니다. 고통과 아픔은 그 후에도 오랫동안 남아 있습니다.

– 설교집 46번: 광야의 상태 (The Wilderness State)

함께 나눔 *

우리의 영혼에 도둑처럼 어두움이 깃들 때가 있습니다. 그 어두움은 영적인 침체나 게으름이나 안일함이나 절망일 수 있습니다. 이 어두움이 우리의 영혼에 깃들기 시작할 때, 때로 우리는 이 어두움을 벗어나기 위해 노력하기보다, 은근히 그 어두움 자체를 즐기며, 그러한 상황을 정당화합니다. 마치 죄를 지으면서 '죄가 더한 곳에 은혜가 더욱 넘친다고', 자기를 변명하고 자기 위안을 찾는 경우와 마찬가지입니다. 때로 영혼의 어두움 속에서 하나님을 더욱 깊이 만날 수 있는 것도 사실입니다. 하지만 하나님께서 우리가 어두움 속에 오래 거하기를 원하실까요? 어두움 속에 오래 있다 보면 타성이 생겨서 오히려 어두움이 빛보다 편하게 느껴지지 않을까요? 오히려 하나님은 우리가 하나님의 생명과 빛 가운데 거하며, 성령 안에서 언제나 생동감이 넘치고, 기쁨이 넘치는 생활을 하시기를 원하지 않으실까요?

1727. 3. 19

Letter, 옥스퍼드

못난 내 모습도 하나님 섭리죠

사랑하는 어머니,

……

키가 작고 약한 제 자신이, 정반대로 될 수도 있었는데
기구한 우연의 조화(사람들은 그렇게 표현합니다)로
그렇게 된 것은 아니라고 생각합니다. 그런 까닭에,
저는 제 자신을 쉽게 받아들입니다.
이처럼 부족한 모습을 허락하신 데에서,
저는 하나님의 섭리의 지혜와 자비를 보며,
이를 기꺼이 따라갈 수 있습니다.

설교, 1748년, 월일미상, 런던

우리는 과연 바리새인보다 나은가?

"내가 너희에게 이르노니 너희 의가 서기관과 바리새인보다 더 낫지 못하면 결코 천국에 들어가지 못하리라" 마 5:20

율법과 복음 간에는 긴밀한 관계가 있습니다. 율법은 복음으로 인도하며 복음을 지향하는 동시에, 복음은 율법을 더 잘 지키도록 도와줍니다. 예컨대 율법은 우리에게 하나님과 사람을 사랑하고 온유하고 겸손하고 거룩한 자가 되라고 요구합니다. 그러나 우리는 이 요구를 완전하게 따르지 못합니다. 예수님의 말씀대로 이것은 사람으로는 불가능합니다. 그러나 하나님은 우리에게 사랑할 수 있고 온유하고 겸손하게 될 수 있는 능력을 주시기로 약속하셨습니다. 따라서 우리는 믿음으로 이 약속의 복음을 받아서 완성할 수 있는 것입니다. 즉 그리스도 예수에 대한 믿음을 통하여 율법의 의義를 이룰 수 있는 것입니다. 성경에 기록된 모든 명령은 숨겨진 약속, 즉 형식은 율법이지만 내용은 약속의 성격을 가진 것입니다. 하나님께서는 그의 장엄하신 선언, 즉 "그 날 후로는 그들과 맺을 언약이 이것이라 하시고 내 법을 그들의 마음에 두고 그들의 생각에 기록하리라"히 10:16; 렘 31:33는 말씀을 통하여 그가 명령하신 것을 주시기로 약속하셨습니다. 하나님이 "쉬지 말고 기도하라", '항상 기뻐하라", '내가 거룩하니 너희도 거룩하라"라고 명령하셨다면, 그분은 우리 속에서 역사하시어 이 명령들을 성취하실 것입니다.

주님은 "너희 의가 서기관과 바리새인보다 더 낫지 못하면 결코 천국에 들어가지 못하리라"마 5:20고 말씀하셨는데, 이 말씀은 우리 그리스도인들에게 매우 엄숙하고 무게 있는 선언입니다. 그러나 우리의 의가 어떻게 저들보다 나아질 수 있을까를 생각하기에 앞서, 현재 우리가 그들의 의의 표준에 도달하고 있는가를 먼저 살펴볼 필요가 있습니다. 바리새인들은 '다른 사람들과 같지 않았다' 고 하였습니다. 그렇다면 우리도 그렇습니까? 우리도 그들처럼 그렇게 세상과 구별이 되었습니까? 우리는 세상 물결을 따라 헤엄치고 있는 자들이 아닙니까? 우리는 세상 사람들의 눈에 띄지 않기 위하여 믿음과 이성을 다 무시하

웨슬리 이름의 첫 자를 딴 이 실(장식우표)은
1774년부터 1785년까지 사용되었다. 웨슬리는
생전에 40종이 넘는 실을 사용했다.

는 때가 많지 않습니까? 우리는 구원의 길에서 뒤떨어지고 있다는 사실보다 세상의 흐름에 뒤떨어지고 있다는 사실에 더 신경을 쓰지 않습니까? 우리는 세상의 흐름을 거스를 용기와 세상에 맞서 싸울 기개와 사람보다 하나님께 순종할 기백을 가지고 있습니까? 만일 그렇지 못한다면, 우리는 첫 단계부터 바리새인들에게 뒤떨어지는 것입니다.

우리가 바리새인들을 능가한다면 좋은 것입니다. 하지만 바리새인들을 좀 더 자세히 살펴봅시다. 다른 사람들에게 어떤 손해를 끼치지 않고, 외적으로 죄를 범하지 않으며, 양심에 어긋

나는 일을 하지 않았다는 그들의 고백을 우리도 할 수 있습니까? 정말 그렇게 말할 수 있습니까? 당신은 당신 양심에 거리끼는 일을 하지 않으며 삽니까? 당신이 말로나 행동으로 간음죄를 범하지 않는다고 해서 당신이 불의하지 않다는 말입니까? 공평과 자비의 대원칙인 "너희가 남에게 대접을 받고자 하는 대로 너희도 남을 대접하라"는 대로 생활하고 있습니까? 당신 자신이 원치 않는 것을 다른 사람들이 해주기를 바라는 일은 없습니까? 당신은 다른 사람의 무지나 절박한 형편을 이용하여, 매매하는 일에서 이득을 취하고 착취하는 일은 없습니까? 가령 당신이 무슨 상업을 경영할 때, 정당한 가격만을 요구하고 받습니까? 어리석은 사람이나 철모르는 아이들에게 부당한 가격을 요구하거나 받지 않습니까? 만일 이런 일 중 하나라도 당신이 범한다면, 어떻게 당신의 마음에 거리낌이 없다고 하겠습니까? 당신은 얼굴이 두꺼운 도둑입니다. 당신은 유일하게 당신만이 갖고 있는 물건을, 그것이 꼭 필요한 사람에게 팔 때, 받아야 할 정당한 가격 이상을 요구하지는 않았습니까? 만일 그렇게 한다면 이것도 역시 착취이며, 당신은 바리새인들의 의의 표준에 미달한 자입니다.

사실 서기관들과 바리새인들 중에도 율법 전체를 엄격하게 지키려고 노력하는 사람들이 있었습니다. 그런 점에서 율법의 의에 관해서는, 다시 말하면 율법의 문자적인 준행에 관하여서는 흠이 없다고 할 것입니다. 그러나 그리스도인의 의가 저들보다 우월한 것은, 그리스도인은 율법을 문자적으로도 충족시키지만 아울러 마음으로도 충족시킨다는 점 때문입니다. 곧 외적인 동시에 내적으로 순종을 하는 것입니다. 산상설교에서 주님은 바로 이 점을 여러 번 지적하셨습니다. 저들의 의는 다만 외면적이고 형식적이었을 따름이나, 그리스도인의 의는 속사람에 내재합니다. 바리새인들은 컵이나 그릇의 겉만 깨끗이 씻었으나, 그리스도인들은 속까지 깨끗한 것입니다. 바리새인들은 선한 생활로 하나님께 드리기를 힘썼으나, 그리스도인들은 거룩한 마음을 드리기를 힘씁니다. 바리새인들은 죄의 잎사귀 혹은 죄의 열매를 떨쳐 버리려고 힘썼으나, 그리스도인은 죄의 뿌리에다 도끼를 댑니다.

그리하여 그리스도인의 생활이 경건의 외형에만 만족하지 않고, 거기에 더하여 삶과 성령과 구원에 이르는 하나님의 능력을 영혼 속에서 체험할 때 비로소 만족하는 것입니다. 남을 해롭게 하지 않고 선행을 하며 하나님의 제반 규례를 지키는 것, 곧 바리새인들의 의는 외적인 것이요, 반면에 마음의 가난, 애통, 온유, 의에 대하여 목마름, 이웃 사랑, 청결한 마음, 곧 그리스도인의 의는 내적인 것입니다. 그리고 화목케 하는 일과 선을 행하는 것과 의를 위하여 핍박을 받는 것도 복이 있는 것인데, 이는 내적인 태도에서 나와서 행해지고 실천할 때 얻어지는 축복이라고 할 수 있습니다. 하나님의 저울에 달아볼 때, 순수한 마음에서 우러나오지 않는다면 우리가 한 모든 행동이나 고난을 견디어 내는 것은 그 자체로서는 무가치한 것입니다.

– 설교집 25번: 산상설교 V (Upon our Lord's Sermon on the Mount V)

함께 나눔

신약성경에 등장하는 인물 가운데 가장 비난을 받고 있는 사람이 바리새인들입니다. 거의 위선자와 동의어입니다. 하지만 역사적으로 볼 때 바리새인들은 누구보다도 하나님의 말씀, 율법과 계명을 현실 속에서 실천하려고 애썼던 경건한 사람들이었습니다. 그들의 치열한 실천 노력은 예수님도 인정하셨습니다. 그러므로 예수님께서 제자들에게 "내가 너희에게 이르노니 너희 의가 서기관과 바리새인보다 더 낫지 못하면 결코 천국에 들어가지 못하리라"고 말씀하신 것입니다. 그렇다면 바리새인들의 문제점은 무엇이었을까요? 그들은 율법의 조문이나 장로들의 유전들은 문자적으로 잘 지키려고 노력했지만, 그것들이 의도하는 근본적인 정신을 망각하였기 때문입니다. 손발을 잘 씻고 부정한 음식을 먹지 않아서 사람이 정결해지는 것이 아니라, 마음속에 있는 탐욕과 악독을 씻어내야 깨끗해진다는 사실을 외면하였습니다. 하나님께 예물과 십일조를 열성적으로 드리면서도 가장 중요한 공의와 하나님에 대한 사랑을 버렸습니다. 오늘날 우리가 바리새인들을 비난할 자격이 있습니까? 형식적일지언정 경건하게 살고자 하는 그 치열함이 우리에게 있습니까?

1740. 12. 21

Diary

우리도 서로 사랑하자

나는 아침에 "사랑하는 자들아
하나님이 이같이 우리를 사랑하셨은즉 우리도
서로 사랑하는 것이 마땅하도다"요일 4:11라는 말씀을 선포하였다.
내가 오후에 보았던 자매들 중에 3명은 모두
임종할 때가 되었다. 하지만 그들은 자신들의 영혼을 사랑하시는
그분께 나아가려는 소망 가운데 잠잠히 즐거워하였다.
저녁에 브리스톨에서 열린 애찬식에는 킹스우드에서
깊은 눈길을 헤치고 온 70~80명의 형제와 자매들이 참석하였다.
우리는 모두 함께 걸어서 돌아갔는데
폭풍과 진눈깨비 속을 뚫고 갔다. 눈이 어찌나 많이 쌓였는지
무릎 높이 이상 쌓인 곳이 여러 곳 되어
지금까지도 생생하게 기억한다. 그러나 우리 가슴은 뜨거웠으며
그러기에 우리는 하나님이 주신 위안을 생각하며
기뻐하고 찬양하며 돌아갔다.

1741. 2. 4

Diary

빈손으로 보낼 수 없어서

성 누가교회에서 예배를 마치고 돌아와 보니
우리 집에 사람이 너무 많이 모여 들어 거의 서로에게
짓밟힐 지경이었다. 나는 설교할 계획이 아니었으나,
그렇게 많은 회중을 빈손으로 가게 한다는 것은
옳지 않은 일이라고 생각하였다. 그래서
열매 맺지 못한 무화과나무의 비유를 상세히 강론하였다.
이후 나는 랩포드로 갔는데 거기에는 배우지도 못하고
예법도 모르는 가난하고 불쌍한 많은 사람들이 함께 모여 있었다.

설교, 1741년, 월일미상, 런던

그리스도인의 완전을 향하여

"그러므로 우리가 그리스도의 도의 초보를 버리고
죽은 행실을 회개함과 하나님께 대한 신앙과 세례들과
안수와 죽은 자의 부활과 영원한 심판에 관한 교훈의 터를 다시 닦지 말고
완전한 데로 나아갈지니라" 히 6:1~2

그리스도인의 완전이란 무지도 없고 실수도 없으며 연약성도 없고 유혹도 없는 것을 말하는 것이 아닙니다. 그리스도인의 완전이란 완전한 성화(성결)란 말을 달리 표현한 것일 뿐입니다. 성경적인 의미에서 거룩한 자는 누구든지 완전합니다. 그러나 등급(degree)이란 측면에서 절대적인 완전이란 이 땅 위에서는 존재할 수 없다는 것을 압니다. 다시 말하면 계속적인 성장을 허용할 여지가 없는 그런 완전이란 있을 수 없다는 말입니다. 그런 까닭에 설사 누군가가 어느 정도만큼 도달했든지, 어느 정

도 완전해졌든지 간에 그는 아직도 "예수 그리스도의 은혜와 그를 아는 지식에서 자라"벧후 3:18 가야 할 필요가 있습니다. 그리고 매일매일 주님의 사랑 안에서 전진할 필요가 여전히 있는 것입니다.

그러므로 사랑하는 여러분! 율법과 예언서와 또한 복음서에서 은혜로우신 우리 주님과 사도들이 확증시켜 주셨으니, 우리는 "하나님을 두려워하는 가운데서 거룩함을 온전히 이루어 육과 영의 온갖 더러운 것에서 자신을 깨끗하게"고후 7:1 해야 합니다. 우리는 '하나님의 안식에 들어갈 많은 약속이 남아 있음에도 불구하고 우리 가운데 혹 미치지 못할 자가 있을까 두려워해야' 히 4:1 합니다. "오직 한 일 즉 뒤에 있는 것은 잊어버리고 앞에 있는 것을 잡으려고 푯대를 향하여 그리스도 예수 안에서 하나님이 위에서 부르신 부름의 상을 위하여 달려"빌 3:13~14갑시다. 하나님께 밤낮으로 부르짖어 "썩어짐의 종 노릇 한 데서 해방되어 하나님의 자녀들의 영광의 자유에"롬 8:21 이르도록 합시다.

:: 1784년 12월 6일, 런던

부패하기 쉬운 몸으로 남아 있는 동안 나는 실수를 범하는 데서 자유로울 수 없을 것입니다. 이로 인한 수많은 결함들이, 나의 영혼이 하나님께 다시 돌아가는 날까지 나를 따라다닐 것

뉴욕의 초기 감리교인들은
존 스트리트(John Street)에 예배당을 세우기 전,
이 좁은 다락방에서 모임을 가졌다.

입니다. 그리고 아담이 낙원에서 그랬던 것처럼 하나님의 뜻을 행하는 데 미치지 못할 것입니다. 그러므로 천사들의 법과 마찬가지로 아담에게 주어진 법을 위반한 수없이 많은 사람들이 그 마음을 다하여 고백할 수 있는 최선의 말은 이런 것입니다. "주여, 저는 모든 순간마다 당신의 죽음의 공로가 필요합니다." 그러므로 우리가 율법 아래 있지 않고 사랑의 법 아래에 있다는 것은 축복입니다. 타락한 인간에게 주어진 "사랑은 율법의 완성"이라는 말씀은 이제 우리에게 완전한 율법입니다. 그럼에도 불구하고 현재 우리의 이해력이 약하기 때문에, 우리는 계속 죄를 범할 수밖에 없습니다. 그러므로 살아 있는 모든 인간은 속죄의 피를 필요로 하며, 그렇지 않으면 하나님 앞에 설 수가 없게 됩니다.

그렇다면 부패하기 쉬운 육체 안에 살고 있는 동안 인간이 할 수 있는 완전이란 무엇입니까? 그것은 "내 아들아 네 마음을 나에게 다오"라고 하는 명령에 따르는 것입니다. 그것은 "네 마음을 다하고 뜻을 다하고 정성을 다하여 주 너의 하나님을 사랑하는 것"입니다. 이것이 바로 그리스도인의 완전의 총체입니다. 이 모든 것은 사랑이라는 한마디로 요약됩니다. 그런데 이것은 "네 이웃을 네 몸과 같이 사랑하라"라는 말씀과 뗄 수 없이 연결되어 있습니다. 그리스도께서 우리를 사랑한 것처럼,

여러분 자신의 영혼을 사랑하듯이 모든 사람을 사랑해야 한다는 것입니다. 이 두 계명이 모든 율법과 선지자의 대강령입니다. 이것은 그리스도인의 완전, 그 전체를 포함하는 것입니다.

설교집 40번: 그리스도인의 완전 (Christian Perfection);
설교집 76번: 완전에 대하여 (On Perfection)

함께 나눔 *

존 웨슬리 신학 가운데 가장 오해 받는 것이 바로 그리스도인의 완전에 관한 가르침입니다. '원죄를 주장하는 기독교에서 어떻게 인간의 완전을 주장할 수 있는가? 우리가 일상적으로 경험하듯이 그리스도인이라고 하더라도 얼마나 많은 과오를 범하고 있는가?' 우리는 이렇게 물을 수 있습니다. 그러나 웨슬리 자신이 말하듯이 그리스도인의 완전이란 무지도 없고 실수도 없으며 연약성도 없고 유혹도 없는 것을 말하는 것이 아닙니다. 그가 말하는 완전이란 의도나 지향의 순수성과 완전함을 뜻합니다. 그리고 인간의 원죄보다도 우선적인 하나님의 원복(Original Blessing)의 풍성함과 낙관주의를 말합니다. 이러한 하나님의 은총 속에서 성령의 도우심으로 그리스도의 장성한 분량으로 자랄 수 있다는 믿음입니다. 그리스도인의 완전이란 마음과 뜻과 정성을 다하여 하나님을 사랑하고 이웃을 사랑하는 사랑의 완전을 추구합니다. 그리스도인의 완전이란 완전한 성화(성결) 혹은 완전한 사랑이란 말을 달리 표현한 것일 뿐입니다.

1741. 5. 7

Diary

한 사람의 힘만으로는 역부족

나는 먹을 음식이 없고, 입을 옷도 없고,
하나님에게 큰 잘못한 것도 없는데 직업도 없이 병으로
거의 죽게 될 처지에 있는 많은 우리 형제자매들을 생각하였다.
그래서 나는 내게 있는 것으로 내가 할 수 있는 모든 일을 하였다.
굶주린 이들을 먹였고 헐벗은 이를 입혔으며
가난한 자들을 고용하였고 병든 자를 방문하였다.
그러나 한 사람의 힘만으로는 이런 모든 일을 하기에
역부족이었기 때문에, 같은 뜻을 가진 모든 사람들에게
함께 일하자고 하였다. 그래서 가난한 사람들에게 나눠 주기 위하여,
없어도 견딜 만한 옷은 다 가지고 올 것과
가난한 사람이나 병든 사람들을 위하여 한 주간에 일 페니씩,
또는 그들이 드릴 수 있는 정도의 헌금을 드릴 것을
사람들에게 요청하였다.

1726. 12. 6

Letter, 옥스퍼드

신앙이란 이런 겁니다

리처드 모건*에게,

…… 도대체 어떤 뜻으로 당신의 아들이 덕스럽고 부드럽게
신앙생활을 할 수 있도록 키워달라고 제게 부탁하셨는지요?
그보다 먼저 신앙에 대한 당신의 견해를 듣고 싶습니다.
아침과 저녁에 개인적으로든 공중 앞에서든
아무리 기도를 많이 했다고 해서 그것만으로
신앙적이라고 저는 보지 않습니다.
신앙이란 무관심한 채로 세상생활을 하다가 생각이 나면
찾아도 되는 그런 것으로 저는 생각하지 않습니다.
오히려 끊임없는 영혼의 훈련,
하나님의 형상에 비추어 우리의 마음을 늘 새롭게 하는 것,
우리 안에 있는 거룩한 가능성을 발견하는 것,
우리의 마음과 생활을 새롭게 하여
우리를 구원하신 주님께 가까이 가려는 것 등등이 아닐까요?

*리처드 모건 – 존 웨슬리의 신성클럽 회원이었던 윌리엄 모건의 아버지

1735. 10. 10

Letter, 옥스퍼드

세상만 사랑하는 자들은 깨달을 수 없죠

존 버튼* 박사님께,

…… 무엇보다 제가 조지아로 가기로 결정한 큰 이유는 제 영혼의 구원 때문입니다. 저는 복음을 이방인들에게 전하면서 복음의 진실한 뜻을 깨닫기 원하고 있습니다. 그들에겐 성서를 해석하거나 성서를 왜곡시키는 알량한 철학도 없을 뿐 아니라, 성서의 불편한 진리를 무시해 버리고 신앙과 세상을 하나로 만들고, 그리스도의 정신을 세상의 정신으로 바꾸어 버리려는 사치스럽고 감각적이며 탐욕에 물든 겁 모르는 해석자도 없습니다. 그들에겐 당파도 없고 돈을 바라며 봉사하지도 않습니다. 그러므로 그들이야말로 복음을 아주 단순하게 받아들이려 할 것이며, 어린아이처럼 겸손하게 하나님의 뜻을 깨닫고 그대로 행하려고 노력할 것입니다. 결과적으로 오히려 그들은 제가 가르치는 교리가 하나님의 말씀인지 아닌지 확실히 분간할 수 있을 것입니다. 이런 점에서 저는 언젠가 성자들에게 들려졌던 순수한 복음, 그것을 알고 싶습니다. 그것이야말로 세상에 관심을 두고 사는 자들로서는 깨달을 수 없는 율법의 올바른 뜻이며, 내용일 것입니다.

*존 버튼 박사 – 옥스퍼드대학의 학장이자 교구목사로 친구인 오글소르프 장군에게 존 웨슬리를 소개한 사람

설교, 1748년, 월일미상, 런던

두 주인을
섬길 수 없다

"한 사람이 두 주인을 섬기지 못할 것이니
혹 이를 미워하고 저를 사랑하거나 혹 이를 중히 여기고 저를 경히 여김이라
너희가 하나님과 재물을 겸하여 섬기지 못하느니라" 마 6:24

세상에 살며 세상을 사랑하는 그리스도인 여러분! 도대체 여러분은 언제까지 자신의 영혼을 그대로 흙 속에 내버려 둘 겁니까? 이럴 경우 여러분은 사람들에게는 높임을 받을지 모르지만, 하나님께는 가증스런 존재가 됩니다. 언제까지 그 질퍽한 진흙탕 속에 묻혀 살 겁니까? 어느 때에야 여러분은 생각이 있고 개방적인 이교도가 여러분보다 더 천국에 가깝다는 것을 깨달을 것입니까? 여러분은 어느 때에야 여러분에게서 빼앗을 수 없는 더 좋은 기쁨을 택할 것입니까? 어느 때에야 이 세상에 속

한 것들을 거부하고, 혐오하며, 재물을 하늘에 쌓아 둘 것입니까? 여러분이 만일 재물을 땅 위에 쌓아 두면 시간만 낭비할 뿐 아니라, 먹을 양식이 되지 못할 텐데, 그러면 여러분의 노력에 대한 보상은 어떻게 되겠습니까?

여러분은 자신의 영혼을 죽이는 자이며, 여러분의 영혼 속에 남아 있는 영적 생명의 마지막 불꽃마저 소멸하는 자임을 아십시오. 여러분이야말로 살았으나 죽은 자이며, 죽은 그리스도인입니다. '재물이 있는 곳에 여러분의 마음도 있는 것입니다.' 따라서 여러분의 영혼은 여러분의 재물이 있는 땅 속에 묻혀 있으며 거기에서 헤어 나오지 못하는 것입니다. 여러분의 마음은 위의 것에 있지 않고, 하나님의 영광을 위하여 지음을 받은 영혼을 만족시킬 수 없는 땅에 속한 것에 있습니다. 그것은 쭉정이 같고, 독과 같은 것입니다. 여러분의 애정과 기쁨과 욕망은 모두 쓰는 대로 소멸될 물질에 집착되어 있습니다. 여러분은 하늘의 보화인 하나님과 그리스도를 내던지고 그 대신 재물과 지옥의 불을 얻었습니다.

부자가 천국에 들어간다는 것이 얼마나 어려운 일인지요! 주님께서 이 말씀을 하셨을 때 제자들이 놀라는 것을 보시고 예수님은 더 강한 표현으로 "부자가 하나님 나라에 들어가는 것보다 낙타가 바늘귀로 나가는 것이 더 쉬울 것이다"라고 하셨습니다. 하는 말마다 아첨꾼들에 의해 칭송을 받는 부자들은 자기 자신들이 얼마나 어리석은 자인지를 깨닫지 못하며, 자신들이 가난하고 미천하고 교육받지 못한 일반 시민들보다 별로 나은 것이 없는 존재임도 알지 못합니다. 부자들이 자기들의 소유나 물질에서 행복을 찾지 않으며, 육의 만족과 안목의 즐거움과 생의 향락을 추구하지 않는다는 것은 지극히 어려운 일입니다. 그러나 부한 자들이여, 여러분은 어떻게 지옥의 저주를 피할 것인가를 먼저 생각하지 않으면 안 됩니다. 이것은 오직 하나님의 능력에 의해서만 가능합니다. 하나님께는 모든 것이 가능한 것입니다.

:: 1748년, 월일미상, 런던

이제 배금주의, 즉 재물을 섬긴다는 뜻이 무엇인가 살펴봅시다. 배금주의란 돈과 재물을 우리의 목적 달성의 유일한 수단으로 삼으며, 그것을 우리의 유일한 도움으로 여겨, 거기에서 안위를 얻고 이를 통하여 모든 난관에서 구원되기를 기대하는 것을 뜻합니다. 이것은 또한 이 세상 물질에서 행복을 찾을 수 있다고 믿으며, 사람의 삶과 그 즐거움이 소유의 풍성한 데 있다고 믿으며, 보이는 물질에서 안식을 추구하며 이 세상에서 생의 만족을 기대하는 것을 말합니다. 그러나 생의 만족은 하나님 밖

동생 찰스 웨슬리. 늘 시상이 떠오르던 찰스는
말에서 내리기가 무섭게 시구를 써내려 갈 펜을 찾곤 했다.

에서는 찾을 수 없습니다.

또한 재물을 섬기는 것은 세상을 사랑함을 뜻합니다. 즉 세상을 위하여 세상을 사모하는 것입니다. 그리하여 세상의 재물에다가 우리의 기쁨을 두며, 거기에 우리의 마음을 쏟고, 거기에서 행복을 찾으려 합니다. 그러나 그것은 부러진 갈대에 불과합니다. 재물을 섬긴다 함의 또 다른 의미는 세상을 본받고 거기에 자신을 맞춤을 뜻합니다. 즉 자신의 모든 계획과 욕망과 성품과 감정을 세상에 합당하도록 맞추며, 세상에 전적으로 의존해 삽니다. 그런 사람들은 자신의 업적에 만족하며, 인간의 명예를 구하는 반면 자신에 대한 비판을 두려워하고, 피하고, 꺼리며, 사람의 비난에 참지 못하며, 쉽게 분노하며, 악을 악으로 갚는 데 빠른 것을 뜻합니다. 그들은 기꺼이 세상에 복종합니다. 즉 세상에서의 생활 방도와 그 풍습을 좇으며, 세상 모든 사람들이 가는 넓고 평탄하고 다져진 길을 따라갑니다. 뿐만 아니라 세상의 유행을 따르며 대중을 따라가며 이웃의 눈치를 보아 그대로 합니다. 동시에 자신의 육의 충동과 저급한 마음의 조종을 받으며, 매사에 자신의 안일과 쾌락만을 채우기에 급급합니다. 재물을 섬긴다는 것이 이런 것이라면, 하나님과 재물을 겸하여 섬길 수 없다는 것은 의심할 나위가 없지 않습니까?

설교집 28번: 산상설교 VIII (Upon our Lord's Sermon on the Mount VIII);
설교집 29번: 산상설교 IX (Upon our Lord's Sermon on the Mount IX)

함께 나눔 *

엘리야는 갈멜산에서 바알의 선지자들과 대결하면서 이스라엘 백성에게 "너희가 어느 때까지 둘 사이에서 머뭇머뭇 하려느냐 여호와가 만일 하나님이면 그를 따르고 바알이 만일 하나님이면 그를 따를지니라"왕상 18:21고 결단을 촉구합니다. 그러나 놀랍게도 백성은 한마디도 대답하지 않았습니다. 약속의 땅 가나안 땅에 들어가서 여호수아 앞에서 한 약속, "우리가 결단코 여호와를 버리고 다른 신들을 섬기기를 하지 아니하오리니"수 24:16라는 맹세를 배반하였습니다. 풍요의 신 바알과 바알의 선지자들과 이들을 후견하는 아합 왕과 이세벨의 막강한 권세 앞에서 그들은 침묵할 수밖에 없었습니다. 우리를 주저하게 만들고 침묵하게 만드는 오늘날의 바알은 무엇입니까? 돈과 재물, 욕망과 쾌락, 권력과 명예, 이런 것들입니다. 이것들이 우리 시대의 하나님입니다. 그런데 우리 하나님은 질투하는 하나님이십니다. 인간에 대한 사랑에 목매고 계신 하나님은 자신 이외의 다른 것을 하나님으로 섬기는 행위를 용납하지 않으십니다. 하나님은 바알이 줄 수 있는 것보다 더 크고 영원한 축복을 준비하시고 우리를 기다리십니다.

1737. 2. 6

Letter, 조지아 사바나

친구여, 함께 기도하자

소피 홉키*에게,

소피, 내 가슴에 불이 당겨지거나 타버리는 일이

일어나서는 안 됨을 알았습니다.

그래서 하나님의 지시를 받기 위해

당분간 연락을 하지 않을 작정입니다.

친구여,

주님께서 어느 것이 최선의 길인지 보여 주실 때까지

함께 기도합시다.

*소피 홉키 – 존 웨슬리가 조지아에서 사귀었던 여성으로, 그녀의 삼촌은 조지아 사바나 지역의 행정관이었다. 존 웨슬리가 결혼을 앞두고 우유부단하자, 이 여성은 원치 않았던 윌리암슨에게 시집갔고, 이후에 이 남편이 웨슬리를 못살게 굴어 결국 존 웨슬리는 영국으로 되돌아오게 되었다.

1742. 6. 13. Sun.

Diary

사랑의 수고는 헛되지 않다

오후 6시에 엡웟교회 묘지에서
마지막 집회를 열고 (다음 날 아침에 출발하기 때문에)
사방에서 모인 청중을 향하여 산상보훈의 처음 부분에 대하여
설교하였다. 3시간 동안이나 계속해서 설교하였는데도
그들과 헤어질 수가 없었다. 결과가 당장 보이지 않는다고 해서
사랑의 수고가 무익한 것이라고는 생각하지 않는다.
아버지는 40년 가까이 수고하셨지만,
열매는 거의 보지 못하고 돌아가셨다. 나도 조금은 일하였으나
그 당시 어떤 결실도 거두지 못하였다. 그러나 오늘에 이르러
비로소 그 열매가 맺힌 것이다. 이곳에서 이전에
아버지와 내가 수고하여 복음을 전한 사람 중에,
지금까지 열매를 맺지 않은 사람은 거의 없다고 보아도 좋다.
그때는 종자가 뿌려졌을 뿐이며, 오랜 시일이 흘러간 후
오늘에 와서 회개와 죄의 용서를 가져오게 한 것이었다.

설교, 1748년, 월일미상, 런던

염려하지 마라, 오늘을 살라!

"그러므로 내일 일을 위하여 염려하지 말라
내일 일은 내일 염려할 것이요 한 날의 괴로움은 그 날로 족하니라" 마 6:34

"내가 너희에게 말하노니 목숨을 위하여 무엇을 먹을까 무엇을 마실까 몸을 위하여 무엇을 입을까 염려하지 말라" 마 6:25는 예수님의 가르침이야말로 우리에게 가장 깊고도 무게 있는 것입니다. 우리는 이 가르침에 대하여 좀 더 고찰해 봄으로써 여기 함축된 의미를 이해할 필요가 있습니다. 예수님의 이 말씀은 현실생활에 대하여 관심을 가지지 말라는 말이 아닙니다. 이 말씀은 또한 우리의 직업에 대해 무성의하고 태만해도 좋다는 말도 아닙니다. 이것은 예수님의 가르침의 진의에 어긋나는 것입니다. 그리스도인은 태만을 술 취하는 것만큼이나 싫어하고, 게으름을 간음만큼이나 멀리합니다.

하나님께서는 세상에서 살아가는 그리스도인에게 단 하나의 관심과 염려만을 허락하셨습니다. 그것은 다름이 아니라 하나님께서 각자에게 맡기신 직업에 대해 관심을 가지고 충실히 감당하는 것입니다. 모든 사람은 자기 가족의 생계를 위하여 일해야 하며, 동시에 아무에게도 빚을 지지 않고 자신의 의무를 감당해야 합니다. 이러한 모든 책임을 감당하기 위하여서 각자는 머리를 써야 하며, 어떤 때는 오랫동안 심사숙고하지 않으면 안 됩니다. 그러므로 우리가 우리의 의무와 책임을 감당하기 위하여 생각하고 마음을 쓰는 것을 주님은 책하지 않으셨습니다. 이것은 하나님 앞에 떳떳하고 잘못됨이 없는 일입니다. 이와 동시에 우리의 소유를 가지고 무슨 사업을 할까, 또는 사업에 착수하기 전에 어떤 계획을 세울까 염려하는 것도 하나님이 받으실 만한 일입니다. 또한 사업 진행 도중 어떤 순서로 신행할까 고민한다든지 어떤 방법으로 운영하여야 가장 효과적일까 하는 문제 등을 연구하는 것도 다 필요한 것입니다. 이러한 일들에 대해 마음을 쓰는 것은 혹자가 말한 대로 '머리의 노동'이라고 할 것인데, 주님은 이런 것들을 정죄하지 않으셨습니다.

주님이 책망하시는 것은 우리의 마음속에서 우러나와 우리의 마음을 괴롭히는 불안과, 우리의 영혼과 육체에 손해를 주는 걱정입니다. 이런 걱정과 불안은 우리의 피를 말리고, 심령을 좀먹습니다. 우리는 때로 어떤 불행을 예상하여 두려워하며, 이것이 오기도 전에 우리의 마음을 스스로 괴롭히기도 합니다. 예수님은 이와 같이 아직 오지 않은 내일 일을 걱정함으로 오늘 우리가 받을 행복을 망치는 걱정을 경계하신 것입니다.

이런 걱정은 앞날의 결핍을 예상하여 오늘의 풍부함을 즐기지 못하게 합니다. 이런 걱정은 일종의 정신질환이라고도 볼 수 있을 뿐 아니라, 하나님에 대한 불신의 죄라고도 할 수 있습니다. 이것은 은혜롭고 지혜로우신 만물의 통치자이시며, 섭리자이신 하나님에 대한 모독입니다. 이러한 태도에는 필연적으로 대심판자이신 하나님은 불공평하시며, 모든 일을 바로 처리해 나가시지 못하시고, 우리의 요구를 파악하시는 예지도 없으시며, 자기를 신뢰하는 자에게 혜택을 베푸시는 선의도 없으시다는 불평이 내포되어 있는 것입니다. 그러므로 이러한 성격의 걱정과 근심은 하지 않아도 됩니다. 이러한 걱정은 옳지 않은 걱정입니다. 여러분은 오직 하나님만 바라보고 모든 사람 앞에 거리낌이 없도록 최선을 다하십시오. 그리고 그밖의 모든 것을 전능하신 하나님의 손에 맡기십시오.

"내일 일은 내일 염려할 것이오." 즉 내일이 오면 그때 가서

존 웨슬리(1765)

생각하십시오. 그리고 오직 오늘을 사십시오. 현 시점의 개선을 위해 전력하십시오. 이것만이 여러분의 것이며 여러분의 전부입니다. 과거는 여러분에게 아무것도 아니며, 그것은 없었던 것과 같으며, 미래도 아무것도 아니며, 이것도 여러분의 것이 아닙니다. 영원히 당신의 것이 되지 못할 수도 있습니다. 앞으로 올 것은 믿을 바가 못 됩니다. 왜냐하면 새날이 여러분에게 무엇을 가져올지 모르기 때문입니다. 그러므로 오직 오늘을 사십시오. 한 시간이라도 허송하지 마십시오. 이 시간을 선용하십시오. 이것만이 여러분의 것입니다. 해 아래 전에 있었던 일이나 앞으로 올 일에 대해 알 바가 무엇입니까? 그들은 저 망각의 세계로 영원히 흘러가 버렸습니다. 그들은 한때 있으면서, 그들의 세월을 살았습니다. 그러나 그들은 늦가을 나뭇잎이 떨어지듯이 이 땅에서 사라져 버렸습니다. 그들은 저 산기슭에 한 줌 흙이 되어 버렸습니다. 그들을 뒤따라 다른 세대가 계승했습니다. 그리고 또 다른 세대가 뒤따랐습니다. 전 세대는 다시 햇빛을 보지 못할 것입니다.

지금이야말로 이 땅 위에서 누릴 여러분들의 시간입니다. "청년이여 네 어린 때를 즐거워하며 네 청년의 날들을 마음에 기뻐하여 마음에 원하는 길들과 네 눈이 보는 대로 행하라 그러나 하나님이 이 모든 일로 말미암아 너를 심판하실 줄 알라"전

11:9. 다만 이 시간, 바로 이 시간을 누리며, 다함이 없는 그 하나님을 인하여 즐거워하십시오. 지금 여러분의 눈을 변화의 그림자도 없는 하나님께 고정시키십시오. 이제 여러분은 하나님이 거룩하신 것처럼 거룩한 자가 되십시오. 이제 그의 선하시고 완전하신 뜻에 순종할 기회를 포착하십시오. 이제 그리스도를 얻기 위하여 모든 것을 잃더라도 기뻐하십시오.

– 설교집 29번: 산상설교 IX (Upon our Lord's Sermon on the Mount IX)

함께 나눔 *

과거는 이미 지나가 버려 우리의 영역이 아니고, 미래는 아직 오지 않아 우리의 영역이 아닙니다. 오직 우리에게는 오늘, 지금이 있습니다. 그러나 우리는 때로 어찌할 수 없는 지나간 과거에 얽매여 오늘을 살지 못합니다. 특별히 과거의 아픈 기억, 상처들이 우리의 발목을 잡고 있습니다. 때로 우리는 아직 오지 않은 미래에 대한 염려와 불안으로 오늘을 만끽하지 못합니다. 어쩌면 생기지도 않을 일을 미리 당겨서 걱정하기도 합니다. 이스라엘 백성들이 광야 생활을 할 때, 만나와 메추라기를 하루 분량만 허락하신 뜻이 무엇이셨습니까? 내일의 삶을 전적으로 하나님께 의탁하는 법을 배우는 훈련이 아니겠습니까? "내일 일을 위하여 염려하지 말라 내일 일은 내일 염려할 것이요 한 날의 괴로움은 그 날로 족하니라"는 예수님의 말씀은 미래의 주인이신 하나님에 대한 전적인 신뢰에서 가능한 일입니다. 미래를 불안이나 두려움이 아니라, 기대와 설렘으로 맞이하는 것이 우리에게 다가오시는 하나님을 믿는 신앙이 아니겠습니까?

1742. 7. 23. Fri.

Diary

어머니의 영혼을 하나님께 맡기며

오후 3시경 어머니에게 갔는데
운명하실 시간이 가까이 왔음을 예감할 수 있었다.
나는 병상 곁에 앉았다. 어머니는 최후의 고통과 싸우고 계셨다.
말씀은 못하셨지만 의식은 분명하신 것 같았다.
우리가 어머니의 영혼을 하나님께 맡기는 동안,
어머니의 얼굴은 고요하고 밝았으며 가만히
천장을 바라보고 계셨다. 3~4시 사이에 서서히 숨이 끊어져 갔으며
아무런 몸부림이나 한숨도 짓지 않고
영혼은 자유의 하늘로 올라가셨다. 우리는 병상 곁에 둘러서서
모친이 마지막으로 부탁하셨던 말씀을 기억하며,
조용히 시편을 노래하였다.
"얘들아, 내가 자유함을 얻게 되거든
곧 하나님을 찬양하는 시편을 불러 주렴."

1748. 4. 28. Thu.

Diary

전도는 미룰 수 없어

시골지역으로 전도를 떠나기로 정해진 날이었다.
주위 사람들은 "오늘은 가지 않는 것이 좋겠습니다.
이 신한 비를 보십시오"라고 말하였다.
"내가 한 말을 지켜야 합니다."
나는 그들에게 말하였다. 하지만 말을 준비해 달라고
부탁해 놓은 사람들에게서 이런 날에는
말이 나갈 수 없다는 기별이 왔다. 나는 또 다른 사람을
말 주인에게 보냈다. 이번에는 말 주인이 마음을 바꾸어 와 주었다.
그래서 오전 6시에 겨우 말을 탈 수 있었다.

설교, 1750년, 월일미상, 런던

생명의 문으로 들어가라

"좁은 문으로 들어가라
멸망으로 인도하는 문은 크고 그 길이 넓어 그리로 들어가는 자가 많고
생명으로 인도하는 문은 좁고 길이 협착하여 찾는 자가 적음이라" 마 7:13~14

생명으로 들어가는 문, 즉 보편적인 거룩함의 길은 좁은 것입니다. 심령이 가난한 길, 거룩한 애통의 길, 온유한 길은 실로 좁습니다. 또한 자비의 길, 거짓 없는 사랑의 길, 순결한 마음의 길, 모든 사람에게 선을 행하는 길, 의를 위하여 모든 비난과 모욕과 박해를 기꺼이 받는 길은 좁은 것입니다. 따라서 이 길을 찾는 사람이 별로 없습니다. 이 길뿐만 아니라, 이교적인 정직의 길을 행하는 사람조차도 얼마나 적습니까? 다른 사람이 자기에게 하기를 원치 않는 일을 남에게도 시키지 않는 사람이 얼

마나 됩니까? 남에게 불공평하거나 불친절한 행동을 하지 않음으로써 부끄러움 없는 사람이 얼마나 됩니까? 말에 실수가 없어서 남의 귀를 거스르는 말이나 거짓된 말을 하지 않는 사람이 얼마나 됩니까? 하나님 앞에 깨끗하고 성스러워서 옳다고 나설 사람이 얼마나 됩니까? 만물을 샅샅이 감찰하시는 하나님 앞에 진실로 겸손하여 자신은 주님 앞에 먼지나 재와 같은 존재라고 느끼는 사람이 얼마나 됩니까? 온유하고 겸손하며 악에게 지지 않고 선으로 악을 이기며, 하나님을 목마른 것같이 갈망하여 그의 형상대로 새로워지기를 갈구하는 자가 어디에 있습니까? 하나님과 사람을 사랑하여 전심으로 모든 사람에게 선을 행하며, 한 사람의 영혼을 구하기 위하여 모든 것, 자신의 생명마저도 아끼지 않는 사람이 어디 있습니까?

우리가 여기에서 주의할 것은 생명의 길로 나가는 사람은 지극히 적고 멸망의 길로 가는 사람은 많기 때문에, 우리가 그 대세에 휩쓸려 따라가기가 아주 쉽다는 점입니다. 단 하나의 좋지 못한 본보기라도 반복된다면, 이것이 우리에게 큰 영향을 주어 우리를 그쪽으로 끌고 가기 쉽습니다. 이것이 우리의 성향에 맞는 경우에는 더욱 그러합니다. 그런데 이 세상에는 이런 바람직하지 않은 일들이 우리 눈앞에서 무수히 전개되고 있으며, 이것이 우리 속에 있는 성향과 투합하여 우리를 타락한 본성의 물줄

웨슬리와 휫필드가 설립한
킹스우드 학교(Kingswood School)

기로 몰고 가고 있습니다. 그런데 이 힘이 대단하지 않습니까? 우리가 이 거센 탁류에 역행하여 순결을 지킨다는 것은 무척 어려운 일입니다!

여러분이 지금 가난한 심령을 가지고 있지 않고, 이 세상의 부자나 지식인과 같은 세속적인 많은 사람들이 미쳤다고 내심 생각할 정도의 신앙을 가지지 못했다면, 여러분의 영혼은 지금 넓은 길을 가고 있다고 보면 됩니다. 그렇다면 길을 돌이켜 좁은 문으로 들어가기를 힘쓰십시오. 그대가 주님을 볼 수 있는 유일한 방법인 거룩함을 경시하거나 무시하고, 그토록 오랫동안 저 생각이 없는 군중과 동행하고 있었다는 사실을 마음속 깊이 부끄럽게 생각하고, 좁은 문으로 들어가기를 힘쓰십시오. 여러분은 하나님이 여러분에게 약속하신 거룩한 안식, 즉 하나님의 백성을 위하여 남겨 두신 안식에 들어가지 못할까 하는 거룩한 두려움을 가지고 좁은 문으로 들어가기를 힘쓰십시오. 쉬지 말고 기도하며, 언제 어디서나 그대의 마음을 하나님께로 향하고 그대가 하나님의 형상으로 변화되어 궁극적인 만족을 얻기까지 끊임없이 하나님의 도우심을 얻도록 힘쓰십시오.

– 설교집 31번: 산상설교 XI (Upon our Lord's Sermon on the Mount XI)

함께 나눔

좁을 길을 가는 것은 때로 불안합니다. 옆으로 미끄러지거나 낭떠러지로 굴러 떨어질까 두렵기도 합니다. 게다가 그 길에 함께 가는 사람들이 적다면 혹시 자신이 길을 잘못 든 것이 아닌가 하는 불안감이 더욱 커집니다. 우리는 많은 사람들이 가는 길 위에 있을 때 더 안심하게 됩니다. 설령 내가 잘못되었다고 하더라도, 저 수많은 다른 사람과 함께 하는 것이라면 괜찮다고까지 생각합니다. 대세를 따르라, 이것이 이 세상의 지혜입니다. 시대의 풍조를 따라 세상 사람이 좋아하는 넓은 길과 넓은 문으로 들어가는 것이 무난한 삶처럼 여겨집니다. 그러나 사도 바울은 "너희는 이 세대를 본받지 말고 오직 마음을 새롭게 함으로 변화를 받아 하나님의 선하시고 기뻐하시고 온전하신 뜻이 무엇인지 분별할 것"을 권면하고 있습니다. 그리스도인은 세상 사람들이 가지 않는 좁은 길을 가며, 세상 사람들이 불편하게 여기는 좁은 문으로 들어가는 사람입니다. 여기에 진리와 생명이 있기 때문입니다.

1751. 2. 2. Sat.

Diary

결혼을 며칠 앞두고

P에게서 답변을 받았으므로
나는 분명히 결혼해야겠다는 확신이 섰다.
나는 결혼하는 것보다는 독신으로 있는 편이
하나님 쓰시기에 더 유용할 것이라고 믿었기에
다년간 혼자 생활하고 있었다.
그리고 나를 그렇게 되게 하신 하나님을 찬양하였다.
그러나 지금, 현재와 같은 상태에서는
결혼 생활로 접어드는 것이 더 유용하게 일할 수 있는 길이라는
확신이 들었다. 이러한 분명한 생각과 동시에
친구들의 충고도 받아들였다.
나는 며칠 후에 결혼하게 될 것이다.

설교, 1781년 5월 6일, 하버포드 웨스트

어떤 열심인가?

"좋은 일에 대하여 열심으로 사모함을 받음은
내가 너희를 대하였을 때뿐 아니라 언제든지 좋으니라" 갈 4:18

신앙 문제에서 '열심' 보다 중요한 주제는 없습니다. 왜냐하면 열심 없이는 신앙의 발전을 이룰 수 없기 때문입니다. 그러나 이교도 국가나 이슬람 국가나 기독교 국가에서 수년 동안 타올랐던 열심보다 더 믿음에 폐해를 끼치거나 인류에 해악을 가져다 준 것은 없었습니다. 전 세계적으로 교만이나 탐욕이나 야망이나 복수는 수천 명씩 죽였으나 종교적 열심은 수만 명씩을 죽였습니다. 이와 같은 사례들이 처음에 가장 문명화된 이방 나라들에서 발생했습니다. 로마시대 초기 그리스도인들에 대한 비인간적인 박해도 그런 경우입니다. 나중에는 로마 가톨릭교회도 개신교도들을 그에 못지않게 비인간적으로 박해했습니다. 영국에서도 피로 얼룩진 메리 여왕 시대에 박해의 불을 붙인 것은 열심이었습니다. 그 직후 프랑스의 수많은 성을 피바다로 만든 것도 열심이었습니다. 결코 잊을 수 없는 파리 대학살 시기에 비저항적인 수많은 개신교인들을 살해한 것도 열심이었습니다. 그때 살해당한 사람들의 수나 살인자들이 저지른 만행은 창세 이후로 이제까지 없었을 것입니다. 한 저명한 독일 작가가 종교개혁 이후로 흘린 피에 대한 정확한 지식을 얻기 위해 여러 장소에 남아 있는 기록을 조사하였습니다. 그 결과에 따르면, 일부는 개인적인 박해로, 또 일부는 종교 전쟁 때문에, 1520년부터 지금까지 4,000만 명 이상이 죽었을 것이라고 추정했습니다.

종교적인 열심이라고 불리는 모든 것이 다 그 이름에 합당한 것은 아닙니다. 만약에 그것이 사랑과 결합되어 있지 않다면, 그것을 종교적 열심, 또는 기독교적 열심이라고 말할 수 없습니다. 스트라트 주교는 그 문제를 발전시켜서 이렇게 말했습니다. "사랑이 없는 열심은 올바른 것이 아니다. 그러나 그렇게 말하는 것으로도 충분하지 않다. 진정한 열심은 사랑일 뿐만 아니라 대부분이 사랑이라고 확신한다. 사랑은 그 구성 성분에서

올더스게이트 거리에 있는 존 웨슬리 회심 기념비

한 가지 요소일 뿐만 아니라 주된 요소다." 이보다 더 나아갈 수는 없습니까? 진정한 열심은 대부분이 사랑이 아니라, 전적으로 다 사랑이라고 말할 수는 없습니까? 이것은 사랑, 즉 하나님과 이웃에 대한 사랑입니다. (비록 세상은 이해하지 못할지라도) 그리스도인의 열심은 사랑이 전부여야 한다는 것은 분명한 진리입니다. 다른 것은 필요 없습니다. 오직 하나님과 사람에 대한 사랑이 그 본질의 전부입니다.

우리의 최상의 열심은 사랑 그 자체를 위해서 남겨 놓아야만 합니다. 그것은 '교훈의 목적' 딤전 1:5이며, '법의 완성' 롬 13:10입니다. 교회, 종교 의식, 모든 종류의 외적인 행동은 사랑보다 열등합니다. 그런 것들은 사랑에 더욱 가까이 접근할 때에만 그 가치를 지니게 됩니다. 그러므로 여기에 그리스도인의 열심의 위대한 목적이 있습니다. 그리스도 안에 있는 진정한 신자는 열심히 하나님, 우리 주 예수 그리스도의 아버지에게 정성을 다해야 합니다. 그럴 때에 그의 마음은 하나님과 모든 인류에 대한 사랑으로 더욱 확장될 것입니다.

– 설교집 92번: 열심에 대하여 (On Zeal)

함께 나눔 *

미지근한 신앙만큼 답답한 것은 없습니다. 믿는 것도 아니고, 그렇다고 안 믿는 것도 아닌, 그런 상태는 본인도 힘들고 바라보는 사람도 힘든 것입니다. 요한계시록에서 라오디게아교회를 향한 비판도 바로 이러한 신앙에 대한 것이었습니다. "내가 네 행위를 아노니 네가 차지도 아니하고 뜨겁지도 아니하도다 네가 차든지 뜨겁든지 하기를 원하노라 네가 이같이 미지근하여 뜨겁지도 아니하고 차지도 아니하니 내 입에서 너를 토하여 버리리라"계 3:15~16. 사도 바울도 "부지런하여 게으르지 말고 열심을 품고 주를 섬기라"고 권면합니다. 신앙생활에서 열심은 있어야 하지만, 문제는 그 열심이 어떤 열심인가 하는 것입니다. 잘못된 열심은 본의 아니게 혹은 확신 속에서, 자신뿐만 아니라 다른 사람들에게 상처를 주고 해를 끼칠 수 있습니다. 하나님을 향한 순전한 믿음과 사랑과 헌신이 사람에 대한 섬김과 사랑의 실천으로 표현되면 좋겠지만, 타자들을 배척하고 경멸하는 폭력적인 모습으로 나타난다면, 차라리 미지근한 신앙이 나을 것입니다.

1753. 11. 26. Mon.

Diary

나의 묘지에 쓸 비문

"여기 존 웨슬리의 육신이 잠들다.
불길 속에서 건져진 타다 남은 나무 조각 같은 그가
나이 51세에 폐병으로 죽다.
죽은 후 그의 부채를 갚고 나면 십 파운드도 남지 못할 것이다.
하나님이시여, 비오니 이 무익한 종을 긍휼히 여겨 주옵소서!"
만일 내가 죽어 나의 묘석에 비문을 쓰게 될 경우에는
이렇게 쓰도록 사람들에게 부탁하였다.

1755. 12. 23. Tue.

Diary

인간적인 위대함은 값싼 것

나는 국왕께서 예복을 입으시는 시간에
상원에 붙어 있는 한 방에 있게 되었다.
국왕의 얼굴은 더해지는 연세로 주름이 늘어났고,
여러 가지 심려로 그늘져 있었다.
겨우 이것이 이 세상이 국왕께 드릴 수 있는 전부일까?
이것이 세상이 국왕께 드릴 수 있는 영광이란 말인가?
국왕은 어깨 한쪽에 너무 무거워서 몸을 움직이기조차
어려울 정도의 담비모피를 두르고 있었고,
머리 위에는 커다란 가발을 썼으며 황금 장식품들이 번쩍였다.
아! 인간적인 위대함이란 실로 값싼 것이로구나!

설교, 1780년 12월 22일, 런던

영혼의 행복

"그는 참 하나님이시요 영생이시라" 요일 5:20

위대한 창조자 하나님은 그 누구도 불행하도록 창조하지 않으셨고 모든 피조물이 본질적으로 행복하기를 원하십니다. 하나님은 창조의 사역을 전체적으로 보시면서 참으로 "심히 좋았다"고 선언하셨습니다. 만일 지성을 지닌 피조물이 창조의 끝에 하나님이 하시는 질문에 행복하지 않다고 대답하였다면, 그는 그다지 좋은 상태가 아니었을 것입니다. 만일 당신이 현재 불행하다면, 그것은 당신이 지금 부자유한 상태에 있기 때문입니다. 그렇다면 당신은 그러한 상태로부터 구원을 받기 위하여 한탄하지 않겠습니까? 모든 피조물이, 지금 '허무한 데 굴복한' 가운데, '함께 탄식하며 함께 고통스러워하고' 있습니다. 내가 당신을 비난하는 것은, 아니 당신을 동정하는 것은, 당신이 바른 목적을 향하여 가려고 하되 잘못된 방법을 택하였기 때문입니다. 행복을 추구하되 행복을 찾을 수 없었으며, 결코 찾을 수 없는 곳에서 행복을 추구하고 있기 때문입니다. 당신은 당신의 창조자 하나님이 아니라, 동료 피조물에게서 행복을 찾고 있습니다. 그들은 당신을 불멸의 존재로 만들 수 없듯이, 당신을 행복하게 만들 수 없습니다. 만일 당신에게 들을 귀가 있다면, '행복이 나에게 없습니다!' 라고 부르짖는 소리를 들으십시오.

사실 이 모든 것은 '밑 빠진 독' 과 같습니다. 당신의 참된 안식처로 돌아오십시오! 행복의 모든 보물이 감추어진 그분에게 돌아오십시오! 모든 사람에게 '값없이 주시는' 그분에게 돌아오십시오! 그리하면 그분은 당신에게 값없이 생명의 물을 마실 수 있게 하실 것입니다. 당신은 이 세상의 쾌락에서, 당신이 그토록 오랫동안 찾고 있었던 행복을 찾을 수 없습니다. 쾌락은 '저울을 속이고' 있지 않은가요? 허망한 것 자체보다 더 경하지 않은가요? 당신을 기쁘게 하여 주겠지만, 결코 만족시킬 수 없는, 양식 아닌 것으로 당신을 더 채울 것인가요? 당신은 세상

웨슬리가 런던의 감리교도들에게 성만찬을 베풀었던
웨스트 스트리트 채플(West Street Chapel)

의 종교에서, 관념이나 혹은 단순히 반복되는 외적인 의무에서 행복을 발견할 수 없습니다. 이것은 무익한 노동입니다! '하나님은 영' 이 아니신가요? 그렇기 때문에 그분은 '신령과 진정으로 예배' 를 받기에 합당하신 분입니다. 당신의 영이 영들의 아버지와 연합하여서, 행복의 근원이며 그가 만드신 모든 영혼에 충만한 그에 대한 지식과 사랑에서, 당신이 추구하는 행복을 찾을 수 있습니다.

– 설교집 77번: 영적 예배 (Spiritual Worship)

함께 나눔 *

사람은 누구나 행복해지기를 원합니다. 그래서 사람들은 그 행복을 찾아 여기저기 다니며, 이것저것을 해 봅니다. 새로운 체험이 행복감을 주기도 하지만, 곧 시들해집니다. 그러면 다시 강렬한 체험을 찾아 나섭니다. 그러나 이것은 마치 갈증이 생길 때 바닷물을 마시는 것처럼, 순간적인 해갈은 되는 것 같지만, 조금 시간이 지나면 이전보다 더 심한 갈증이 찾아옵니다. 위대한 교부 아우구스티누스는 수많은 방황을 거친 후 기독교 신앙에 귀의한 다음에 자신의 『고백록』에서 다음과 같이 말했습니다: "당신(하나님)은 우리를 당신을 향하여 살도록 창조하셨으므로, 우리 영혼이 당신 안에서 안식하기까지는 참된 안식이 없습니다." 피조물인 우리 인간의 마음에는 이 세상 어떤 것으로도 채울 수 없고, 오직 창조주인 하나님만으로 채워져야 할 빈 공간이 있습니다. 그 공간 안에 하나님이 계실 때, 우리의 영혼은 진정한 안식과 평화와 행복을 누릴 수 있습니다.

1739. 3. 28

Letter, 런던

세계는 나의 교구입니다

나의 행동 원칙이 무엇이냐고 물으신다면, 이와 같습니다.
나는 그리스도인이 되기를 원하며,
그것을 위해 유익하다고 생각되는 것은 무엇이든지 행하며,
이 목적에 맞는 곳이라면 어디든지 가는 것,
그것이 나의 원칙입니다. 이 원칙 위에 서서,
나는 아메리카로 출발하였으며, 이에 따라 모라비아 교회를
방문하였고, 또 같은 원칙에 서서 (하나님의 도우심이 있다면)
에티오피아나 중국에도 갈 준비가 되어 있습니다.
또 하나님이 기뻐하신다고 믿어지는 곳이라면 그게 어디든지
요청이 있을 때에는 가려 합니다.
……
나에게 성서 이외에는
행동과 신앙을 규제하는 법칙이 따로 있다고 할 수 없습니다.
그래서 나는 성서 이외에 믿음과 실천의 다른 원칙을 허용하지
않습니다. 성서적 원칙에서 본다면, 내가 행한 것을 정당화시키기
어렵지 않다고 생각합니다. 성서에서 하나님은
나의 능력 범위 안에서 무지한 자를 가르치고,
악한 자를 회개시키고, 선한 자를 더욱 강하게 하라고 명령하십니다.
사람들은 내가 이것을 다른 교구에서 행하는 것을 금지시킵니다.
사실 이것을 조금도 하지 말라는 것인데,

지금 나는 나의 교구를 가지고 있지 않으며 앞으로도 그럴 것입니다.
그렇다면 누구의 말을 들어야겠습니까?
하나님의 말씀일까요? 사람의 말일까요?
…… 나는 온 세계를 나의 교구로 생각하고 있습니다.
즉 구원의 복음을 즐겨 들으려고 하는 사람들에게
전도한다는 것은 바른 일이며, 또 나의 고귀한 책임이기 때문에
어떤 곳이든 찾아가야 한다고 생각합니다. 이것을 위해
하나님께서 나를 부르셨고, 나에게 이러한 은혜를 주셨다고
믿습니다. 나는 하나님께서 주신 이 사업을 성취하라고
큰 격려를 받고 있습니다. 나는 기회 있을 때마다
모든 사람에게 선한 일을 하라는 분명한 명령에 순종하도록
부름을 받았습니다. 그리고 이 말씀대로 이 한 가지 일만을
힘쓰며 선한 일을 위해 달려 나가게 하시려고
나를 다른 모든 일에서 해방시키셨습니다.

설교, 1750년, 월일미상, 런던

남을 비판하지 마라

"비판을 받지 아니하려거든 비판하지 말라
너희가 비판하는 그 비판으로 너희가 비판을 받을 것이요
너희가 헤아리는 그 헤아림으로 너희가 헤아림을 받을 것이니라" 마 7:1~2

주님이 우리에게 경계하신 참된 신앙의 첫째 방해물은 남을 정죄하는 일입니다. 주님은 '남을 비판하지 마라. 그리하면 하나님도 너희를 비판하시지 않을 것이다' 라고 말씀하셨습니다. 주님은 '남을 비판하는 대로 하나님이 너희를 비판하실 것이요, 너희가 남을 헤아리는 대로 하나님이 너희를 헤아릴 것이다' 라고 하셨는데 이 말씀이야말로 가장 뚜렷하고 공정한 행동의 규범입니다. 하나님께서는 우리가 이 말씀에 의하여 대심판 때에 어떠한 처우를 받을 것인지 스스로 판단하여 처신할 것을 요구하십니다.

남을 비판하지 말라는 이 경고는 하나님의 자녀들이 처음으로 회개하고 복음을 믿을 때부터 사랑 안에서 완전한 사람이 될 때까지 어떤 시기, 어떤 정황 아래서나 늘 필요합니다. 우리에게는 언제나 남을 비판할 만한 계기가 있으며, 그런 유혹을 받을 때도 많습니다. 우리는 잘못을 저지르면서도, 그렇지 않은 것처럼 착각을 하여 어떤 위험을 감지하기도 전에 과오에 빠지는 때가 많습니다. 이러한 과오의 폐해는 참으로 큽니다. 우선 남을 판단하는 자신의 영혼이 큰 상처를 입으며, 의로우신 하나님의 심판을 피할 수 없게 되며, 비판을 받는 상대방은 맥이 빠지게 되며, 그 가는 걸음이 힘이 없고 방해를 받게 되어, 그 길에서 완전히 빠져 나오지 않으면, 뒤로 넘어져 심지어 멸망에 떨어집니다. 얼마나 자주 이 "쓴 뿌리가 돋아나서" 많은 사람이 더러워지고 있으며, 그 때문에 진리의 길 자체가 비난을 받고, 우리를 부르신 그 존귀하신 이름이 욕을 먹고 있습니까?

:: 1760년, 월일미상, 런던

메소디스트라고 불리는 여러분은 소위 기독교 세계에서 적어도 이 한 가지 경우에 있어서만은 모범을 보여 주도록 하십시오. 험담, 험구, 수군거리는 일을 버리십시오. 이런 말들이 여러분의 입에서 한마디라도 나오지 못하도록 하십시오. 선한 말 이

외에는 사람이 없는 데서 그 사람의 험담을 하지 마십시오. 당신이 원하든 원하지 않든지 간에, 당신이 타인과 구별되기를 원한다면, 이것을 메소디스트의 구별되는 표준으로 삼으십시오. 메소디스트는 사람 뒤에서 그를 책망하지 않습니다. '열매를 보아 당신은 그 사람을 알게 될 것이다.' 이러한 자기 부정의 축복된 결과를 우리 마음속에 신속하게 느낀다면 얼마나 좋겠습니까! 이와 같이 '모든 사람들과 함께 평화를 추구할 때' 우리의 평화는 얼마나 강물과 같이 흐를까요! 우리의 형제들에게 우리의 사랑을 이와 같이 확증할 때에 우리 자신의 영혼 속에 하나님의 사랑이 얼마나 넘치겠습니까! 주 예수님의 이름으로 함께 연합된 우리 모두에게 그것이 얼마나 좋은 결과를 가져올 것입니까? 형제애에 대한 거대한 장애들이 제거되었을 때 형제 우애가 얼마나 끊임없이 증가할 것입니까?

그러므로 신비한 몸에 속한 모든 형제들이 그때에는 서로서로를 돌보게 될 것입니다. '그들 중 한 사람이 고통을 당하게 되면 모두가 그로 인하여 고통을 받게 될 것이다.' '그들 중 한 사람이 칭찬을 받게 되면 모두가 함께 기뻐할 것이다. 그리고 모든 사람들은 그들의 형제들을 순수한 마음으로 열렬히 사랑하게 될 것이다.' 이것이 거칠고 몰지각한 세상에 얼마나 좋은 결과를 가져오겠습니까! 그들이 수많은 형제들 속에서는 발견

의료, 교육, 전도사업을 위하여
존 웨슬리가 뉴캐슬에 처음 마련한 건물

할 수 없었던 그것을 우리 속에서 발견하고 (배교자인 로마 황제 율리아누스가 신하들에게 말한 바와 같이) "그리스도인이 어떻게 서로 사랑하는가를 보라"고 외치지 않겠습니까!

주님의 최후의 엄숙한 기도 속에 나타난 이 말씀을 통해 우리가 배우는 바와 같이, 하나님께서는 이로 인하여 세상을 깨닫게 하시고 그의 나라를 그들을 위해 예비하게 하십니다. 즉 "내가 비옵는 것은 이 사람들만 위함이 아니요 또 그들의 말로 말미암아 나를 믿는 사람들도 위함이니 아버지여, 아버지께서 내 안에, 내가 아버지 안에 있는 것 같이 그들도 다 하나가 되어 우리 안에 있게 하사 세상으로 아버지께서 나를 보내신 것을 믿게 하소서" 요 17:20~21. 주님께서 바로 당신을 기다리십니다. 그리스도가 우리를 사랑하신 것처럼 '말과 혀뿐만 아니라 행위와 진실' 에서도 주님은 우리가 서로 사랑할 수 있도록 하십니다.

설교집 30번: 산상설교 X (Upon Our Lord's Sermon on the Mount X);
설교집 49번: 험담의 치료 (The Cure of Evil-Speaking)

함께 나눔 *

"똥 묻은 개 겨 묻은 개 나무란다"는 속담이 있듯이, 사람은 자신의 허물을 보기보다는 남의 허물을 먼저 보기 쉽습니다. 예수님도 "어찌하여 형제의 눈 속에 있는 티를 보고 네 눈 속에 있는 들보를 깨닫지 못하느냐. 보라 네 눈 속에 들보가 있는데 어찌하여 형제에게 말하기를 나로 네 눈 속에 있는 키를 빼게 하라 하겠느냐"고 사람들의 위선을 책망하셨습니다. 우리는 남을 비판함으로써 자신의 가치가 더 높아진다고 착각하기도 합니다. 우리는 두 개의 자를 가지고 자신에게는 한없이 관대하면서, 남에게는 지극히 엄격합니다. 내가 비판을 하는 것은 당신을 위한 것이라고 강변하기도 합니다. 그러나 그 비판에 사랑과 배려가 담겨 있지 않으면, 그 비판은 상대방의 가슴을 찌르는 화살이 됩니다. 그러한 비판은 결코 상대방을 바꿀 수 없을 뿐만 아니라, 마음에 원한을 품게 만듭니다. 비판보다는 칭찬과 격려가 사람의 마음을 감동시키고 변화시킵니다.

1762. 8. 25. Thu.

Diary

20년 외친 설교들은 어디에?

요즘 나는, 사도들과 같이 설교만 하고
각성한 사람들을 모아 하나님의 길로 걸어가게
지도해 주지 않는다면, 그것은 다만 아이를 낳아
살인자의 손에 맡김과 같다는 생각이 더욱 간절하다.
펨브로크셔에서 20년간이나 외쳤던 그 많은 설교는
대체 어찌된 것일까? 신도회도 없고, 훈련도 없고,
질서도 없고, 연락도 없다.
그 결과 믿음을 가졌던 성도들이
전보다도 더 신앙이 약해졌다.

1764. 11. 8. Thu.

Diary

결과는 무엇인가?

(매일같이) 10시에

도시 안에 있는 모든 설교자들과 만났으며,

그와 함께 「창조에 있어서 하나님의 지혜에 관한 연구」를 읽었다.

내가 대학에서 많은 학생들을 가르쳤고

그들을 위해 고통도 겪었는데 결과는 무엇인가?

그들이 지금 무엇이 되었는가?

몇 학생이나 지금 옛 스승이나 하나님을 생각하고 있을까?

그러나 하나님은 내게 축복해 주셨다.

나의 수고에 보답해 온 몇 학생들이 있다.

이제 주 안에서 굳건히 서라는 말씀으로 나는 산다.

3

세상을 변화시키는 제자의 삶

그리스도인은 세상에서 살아가지만, 세상에 속한 사람이 아닙니다. 참된 그리스도인은 자신의 거룩함을 유지하기 위하여 세상을 도피하지 않으며, 그렇다고 세상 속에 살면서 세상의 풍조나 가치 속에 매몰되지도 않습니다. 예수의 참된 제자는 오히려 세상에 살면서 '하늘에서 하나님의 뜻이 이루어진 것처럼, 땅에서도 이루어지기를' 소망하며 이 세상을 변화시키는 사람입니다. 세상에 의해 지배당하지 않고, 이를 거슬러 하나님의 나라를 확장하기 위해서는 능력이 있어야 합니다. 어두움을 어둡다고 탓한들 무슨 소용이 있습니까? 작은 촛불이라도 켜야 어두움을 쫓아낼 수 있습니다. 그 촛불을 켜는 능력은 말씀과 기도와 성령으로부터 나옵니다. 이 능력이 있을 때 우리는 비로소 이 세상을 변화시키는 제자의 삶을 살 수 있습니다.

존 웨슬리 찬송시

믿음의 방패

무엇보다 믿음의 방패를 굳게 잡으라.
강함과 고귀함으로 무장하여
반드시 전투에서 승리하라.
믿음이 당신의 마음을 두르고 있다면,
사탄은 곧 진압되리라.
그의 모든 불창들은 예수의 피로 소멸되리라.
예수께서 당신을 위해 죽으셨도다.
그 사랑에 대해 그 누가 저항하리요.
믿음의 방패를 굳게 잡는다면,
그 누가 당신을 그분의 손에서 빼앗을 수 있으랴.
주께서 다스리심을 믿으라.
그에게 모든 권세가 있도다.
죄의 땅에서 자유롭게 될 때까지, 이를 믿으라.
믿으라, 당신이 하나님의 나라에 들어가게 될 것을.
당신의 갑옷과 투구를 빛나게 닦으라.
끊임없이 손질하라.
당신의 대장 주님의 시선 안에서 늘 걸으라.

깨어서 기도하라, 모든 경보에 대비하라.
굳게 결심하고 무기에 숙달하도록 늘 훈련하라.
당신에게 주어진 모든 은혜를 사용하라.
기도하라, 쉬지 말고 기도하라.
주님의 명령을 기쁨으로 따르라.
그를 의지하라.
주님께 당신의 필요를 시시로 아뢰라.
항상 기도하라, 결코 낙심하지 마라.

– 『메소디스트라 불리는 사람들을 위한 찬송시 선집』, 259번

설교, 1748년, 월일미상, 런던

너희는
세상의 소금과 빛이니

"너희는 세상의 소금이니 소금이 만일 그 맛을 잃으면 무엇으로 짜게 하리요
후에는 아무 쓸 데 없어 다만 밖에 버려져 사람에게 밟힐 뿐이니라
너희는 세상의 빛이라 산 위에 있는 동네가 숨겨지지 못할 것이요
사람이 등불을 켜서 말 아래에 두지 아니하고
등경 위에 두나니 이러므로 집 안 모든 사람에게 비치느니라
이같이 너희 빛이 사람 앞에 비치게 하여 그들로 너희 착한 행실을 보고
하늘에 계신 너희 아버지께 영광을 돌리게 하라" 마 5:13~16

나는 기독교는 본질적으로 사회적 종교이며, 따라서 기독교를 고립시킬 때 죽고 만다는 사실을 확신합니다. 기독교는 예수 그리스도에 의하여 인간에게 계시된 하나님을 경배하는 법을 가르쳐 주는 종교입니다. 또한 기독교는 사회적 종교이므로 사회를 떠나서는, 즉 다른 사람과 같이 살고 대화함이 없이는 잘 유지될 수 없을 뿐 아니라, 전혀 존재할 수 없습니다. 그러나 고독이나 일시적으로 세상을 떠나 있는 것을 무익하다고 하는 것은 아닙니다. 이것은 용인될 수 있을 뿐 아니라, 또 필요하기도

합니다.

일상생활에서 우리가 경험하는 바와 같이 우리가 참된 그리스도인의 생활을 하려 할 때, 우리는 이런 시간을 가짐이 필요합니다. 우리는 날이면 날마다 하루 종일 사람과 만날 수만은 없습니다. 이렇게 할 때 우리의 믿음생활도 해로울 것이요, 성령을 근심하게 하는 결과를 가져올 것입니다. 그러므로 아침저녁으로 세상에서 물러나 은밀한 중에 계신 아버지와 막힘없는 대화와 사귐을 가져야 합니다. 한걸음 더 나아가 때때로 우리의 생업이나 직장생활에 지장이 가지 않는 한도 내에서, 장기적인 종교적 수양기간을 가지는 것도 유익합니다.

그러나 이러한 은거가 우리의 전 시간을 차지해서는 안 됩니다. 이렇게 된다면 이것은 우리의 믿음생활을 증진시키기는커녕 도리어 후퇴시킬 것입니다. 마태복음 5장 13~16절에서 하신 주님의 말씀은 세상을 떠나서, 즉 다른 사람과 더불어 살고 대회함이 없이는 올바른 신앙생활이 존재할 수 없음을 말하고 있는 것입니다. 예수님께서 강조하시는 중요한 덕은 사회관계를 떠나서는 성립할 수 없는 것입니다.

더욱이 예수님의 말씀에 세상과의 모든 인연을 끊으라는 권고는 없습니다. 만일 그렇게 한다면 예수님은 우리가 절대로 자신의 제자가 될 수 없다고 보셨습니다. 그의 교훈을 보면 불경

센드게이트 거리에서
첫 설교를 하고 있는 존 웨슬리

건하고 거룩하지 못한 사람들과의 교제는 그가 천국에 들어가는 길이라고 가르치신 미덕들, 심령의 가난이라든가 애통하는 마음이라든가 그 밖에 기독교 본질상 필요한 덕 등을 충분히 행하는 데 없어서는 안 될 요건입니다. 좀 더 구체적으로 말한다면, 온유의 덕은 '눈은 눈으로, 이는 이로' 라는 복수 대신에 악한 자를 대적하지 않으면서 오른편 뺨을 치면 왼편 뺨을 돌려대는 것이며, 자비의 덕은 우리가 원수를 사랑하고 우리를 저주하는 자를 축복하고 미워하는 자들에게 선을 행하고 우리를 모욕하고 박해하는 자들을 위해 기도하는 것입니다. 그리고 사랑과 기타 모든 성스런 성품은 의를 위한 고난을 통하여 이룩되는 것임을 생각할 때, 우리가 일반 사회생활을 떠나서 진실한 그리스도인끼리의 사귐만을 통해서는 불가능하다는 것이 자명합니다.

설교집 24번: 산상설교 IV (Upon our Lord's Sermon on the Mount IV)

함께 나눔

웨슬리는 기독교가 본질적으로 사회적 종교라고 말하고 있습니다. 이 말은 기독교는 세상 속에서 세상과의 관계 속에서 하나님의 뜻을 이루어가야 함을 뜻합니다. 하나님의 뜻과 그 뜻이 이루어지는 하나님의 나라는 결코 개인의 고독한 심령 속에 갇힐 수 없습니다. 비록 그리스도인들이 자신에 대한 성찰과 영적인 충전을 위하여 잠시 번잡한 세상을 떠날 수는 있지만, 세상을 완전히 등진 신앙은 온전한 그리스도인의 삶이 될 수 없습니다. 우리가 사는 세상은 부패하였고, 어두움이 깊어간다고 말합니다. 그렇게 한탄하면서 자신도 함께 썩어져 가고 함께 어두워져 갑니다. 여기에 부패를 방지하고 어두움을 밝히는 소금과 빛으로서 그리스도인의 사명이 있습니다. 세상에 살지만 세상에 속하지 않는 삶, 함께 살고 있지만 구별된 삶, 그 '속하지 않음'과 '구별됨'으로 때로 세상의 가치관이나 풍조를 거스르며, 세상을 변화시키는 것이 그리스도인의 존재의미입니다.

1765. 12. 18. Wed.

Diary

말에서 크게 떨어졌으나

말을 타고 시내를 가고 있는데

말이 넘어지면서 그만 내 발이 말 아래 깔리게 되었다.

어떤 신사가 뛰어나와 나를 도와 꺼내 주었다.

그리고 그는 나를 자신의 상점으로 데리고 갔다.

무척 심하게 다쳤으나 정신을 차리는 데 좋은

약과 물을 받아먹고 나니 기운이 났다. 몇 분간 쉰 다음 마차에 탔다.

하지만 곧 추위를 느꼈고,

나는 몸이 매우 좋지 않은 것을 알게 되었다.

오른팔과 가슴과 발과 발목에 심한 타박상을 입어

매우 많이 부어 있었다. 쇼오함까지 가서

두 차례나 당밀을 바르니 아픔도 가시고 기운도 다소 회복되어,

조금은 걸을 수 있게 되었다.

하나님의 말씀은 여기에서도 열매를 맺고 있었다.

1766. 2. 5. Wed.

Diary

사기당한 이웃을 돌보다

사기를 당해 상당히 많은 재산을 잃어버리고
인용할 양시도 없어 곤란을 겪게 된 사람이 찾아왔다.
나는 그에게 새 옷을 입히고 고향까지 보내주고 싶었다.
그러나 돈이 모자랐다. 한 시간쯤 후에 다시 찾아오라고 일렀더니,
그는 그대로 다시 찾아왔다. 그런데 그 바로 전에
내가 전혀 예기치 않았던 사람이 21파운드를 보내왔다.
그것으로 그의 머리끝에서 발끝까지 새 의복을 입도록 해 주었다.
그리고 그를 곧 더블린까지 보내주었다.

설교, 1748년, 월일미상, 런던

심령이 가난한 사람

"심령이 가난한 자는 복이 있나니 천국이 그들의 것임이요" 마 5:3

'심령이 가난한 자'는 누구입니까? 무엇보다 겸손한 자입니다. 자신을 알고, 자신의 죄를 깨닫고, 그리스도에 대한 믿음을 가지기 전에 먼저 회개하는 심정을 갖는 자입니다. 이런 사람은 '나는 부자다 나는 풍족하고 부족한 것이 조금도 없다' 계 3:17고 하지 않을 것입니다. 왜냐하면 그는 자신이 실제로 비참하고, 불쌍하고, 가난하고, 눈멀고, 벌거벗은 것을 알기 때문입니다. 그는 영적으로 가난한 자임을 자인하고, 자기 속에 선한 것이 하나도 없음을 인식합니다. 그는 자기 속에는 악하고 가증스러운 것밖에 없는 자라고 느낍니다. 그는 자신이 모태 속에서 나올 때부터 문둥병 같은 죄를 가지고 나와 이것이 그의 전 영에 퍼져 있고, 그의 전 기능을 부패시켰다는 것을 압니다. 이뿐만이 아니라, 그는 그 악한 뿌리로부터 돋아나는 자신 안에 있는 악한 성품들을 발견합니다. 자만심과 과대망상증과 사람들로부터 칭송받기를 갈망하는 허영심, 증오심, 시기심, 질투, 복수심, 분노, 악의 등 여러 가지 형태로 표현되는 하나님과 인간에 대한 적개심과 속세에 대한 애착과 아집과 어리석고 파괴적인 여러 가지 욕망 등이 바로 그것입니다. 그는 이 밖에도 상스럽고 진실되지 못하고 불친절한 언어를 사용함으로써 덕을 세우지 못하고, 듣는 자들에게 은혜가 되지 못함으로써 성령을 근심하게 한 것을 인식합니다. 그는 또한 자신의 모든 행사가 자기 보기에도 악하여 말로써 이를 표현할 수 없을 정도임을 절감합니다.

여기에서 우리가 알 수 있는 것은 기독교는 이교의 도덕이 끝나는 데서 시작된다는 것입니다. 즉 마음의 가난, 죄의식, 자기부정이나 자신의 의를 주장하지 않는 것은 이방인의 종교를 버리고 예수 그리스도의 종교로 입문하는 것을 보여 줍니다. 이것은 이 세상의 지혜로운 자들에게는 숨겨져 있던 비밀이었습니다. 문화적으로 여러모로 발전되었던 로마 제국의 아우구스

이동 설교단 위의 감리교회 설교자,
대부분의 영국 국교회 목사들은
야외 설교 자체를 비난했다.

투스 황제 시대에도, 기독교의 겸손이란 의미에 상응하는 어휘가 없었습니다. 겸손이라는 말은 그토록 풍부한 어휘를 가진 헬라어에도 없으며, 바울에 의하여 비로소 사용되었습니다. 우리는 헬라인이나 로마인마저 발표하지 못했던 사실을 느낄 수 있기를 간절히 바랍니다. 죄인이여, 깨어나십시오! 그대 자신을 아십시오! 그대는 죄악 중에서 지어졌으며, 모친이 죄 중에서 그대를 잉태하였음을 깨달으십시오. 그대가 선악을 분별할 수 있기 전부터 죄 위에 죄를 쌓고 있었음을 아십시오. 그대 자신이 스스로 자신을 구원할 수 있다는 망상을 포기하고, 우리 자신의 죄를 지고 친히 십자가에 달리신 그리스도의 피로 씻음을 받고 전능하신 성령에 의해서만 거듭나기를 전적으로 바라십시오. 그때 비로소 그대는 "심령이 가난한 사람들은 복이 있나니 하늘나라가 그들의 것이다"라고 증언하게 될 것입니다.

설교집 21번: 산상설교 I (Upon our Lord's Sermon on the Mount I)

함께 나눔 *

우리 인간은 겸손하기가 쉽지 않습니다. 무엇인가 이룬 것이 있거나 남보다 잘난 점이 있으며, 금방 교만해집니다. 교만한 사람은 스스로 속아 자신의 부족함과 허물을 느끼지 못합니다. 요한계시록에 나오는 라오디게아교회는 스스로 부요하고 부족한 것이 없다고 생각하였지만, 하나님은 "네 곤고한 것과 가련한 것과 가난한 것과 눈 먼 것과 벌거벗은 것을 알지 못하는도다"계 3:17라고 책망하셨습니다. 자신의 부족함과 하나님의 은총이 필요함을 아는 사람이 겸손한 사람이며, 심령이 가난한 사람입니다. 하나님의 은총 안에 살면서도 마치 자신이 은총이 필요 없으며, 은총을 받고 있지도 않다고 생각하는 사람, 자신이 도덕적, 법적으로 아무 문제가 없기 때문에 스스로 의롭다고 생각하거나, 구원이 필요 없다고 생각하는 사람은 교만한 사람입니다. 심령이 가난한 사람은 아무리 물질이 많고 높은 지위에 있어도, 하나님의 은혜가 아니고는 하루도 살아 갈 수 없음을 깨닫고 그의 은혜를 고백하며 감사합니다. 이런 사람은 이미 이 땅에서 하나님의 나라를 살고 있는 사람입니다.

1767. 8. 8. Sat.

Diary

인디언 학교를 위한 헌금

뉴잉글랜드의 휘테이커의 요청으로 설교한 후에,
아메리카의 인디언 학교를 위해 헌금을 거두었다.
상당한 돈을 모으기는 했으나, 돈이 이방인을 개종시킬 수 있을까?
데이비드 브레이너즈와 같은 선교열정을 가진 설교자를
찾아야만 한다. 이 일 없이 금과 은이 무슨 일을 한단 말인가?
그것들은 단지 납과 쇠일 뿐이다.
그것들은 수많은 사람들을 지옥으로 보낸 반면,
한 영혼도 천국으로 보내지는 못하였다.

1770. 6. 28. Thu.

Diary

40년 전보다 더 건강하여

내가 오늘로 만 68세가 되었다니 믿기 어렵다.
하나님의 섭리는 참으로 놀랍다.
어린 시절부터 하나님은 얼마나 나를 잘 지켜 주셨는지!
10세에서 14세까지는 빵 이외에는 별로 먹는 것이 없었고,
그 빵도 충분히 먹지를 못하였다. 이것이 오히려
좋았던 것 같다. 내 건강의 기초가 된 것이다.
성장한 후에 체이네의 글을 읽고 음식을 좀 덜 먹고,
물을 더 마시는 일을 계속하였다. 이것이 27세까지
건강을 유지하게 되었던 하나의 비결이었을 것이다.
그 이후 각혈을 몇 해 동안 계속하였으나
따스한 기후가 이를 고쳐 주었다. 그 후 심한 열병으로
위독하게 된 일이 있기도 하였으나, 오히려 더 건강해졌다.
11년 후에 나는 폐병 3기에 이른 일이 있었으나
하나님께서 이것도 고쳐 주셨다.
그때 이후로 나는 고통을 느낀 일이 없으며
병에 걸린 일도 없었다.
지금은 40년 전보다도 더 건강한 편이다.
이는 오로지 하나님께서 베푸신 일이다.

설교, 1748년, 월일미상, 런던

온유한 사람

"온유한 자는 복이 있나니 그들이 땅을 기업으로 받을 것임이요" 마 5:5

온유한 사람은 어떤 사람입니까? 이것은 세상의 물정을 몰라서 악에 대하여 무감각하고 선악을 분별하지 못하기 때문에 아무런 근심이 없는 사람을 지칭하지 않습니다. 그리고 또 심성이 둔하여져서 밀어닥치는 생의 충격에도 무감각하여 목석처럼 저항할 줄 모르는 사람을 가리키지도 않습니다. 이런 무신경적인 태도와 온유는 거리가 멉니다. 역사적으로 교회가 좀 더 순수한 상태에 있을 때, 교부들 가운데 이러한 태도를 지닌 사람들을 진정한 기독교의 한 분파처럼 본 사람이 있었다는 점은 이해하기 어렵습니다.

기독교적 온유는 하나님께 대하여 아무런 열정도 품지 않는 태도를 의미하는 것이 아닙니다. 이것은 무엇에나 극단을 피하는 마음자리입니다. 이것은 인간 정서의 균형을 잃지 않는 상태입니다. 자연계의 섭리자이신 하나님은 은혜로서 인간의 감정을 없애 버리는 것이 아니라, 어느 정도 절제하게 하십니다. 온유의 덕은 우리의 마음의 평정을 유지하여 생의 어떤 조건 아래서도 분노나 근심이나 두려움에 휩싸이지 않게 하며, 좌로나 우로나 치우치지 않게 합니다. 이 온유의 덕은 우리 자신뿐만이 아니라, 하나님과 이웃과도 관계가 있습니다. 이런 마음으로 하나님께로 향할 때 우리는 이것을 인종忍從이라 말할 수 있습니다. 그리하여 하나님의 뜻이 무엇이든지 간에 이것이 내게 즐거운 것이 아닐지라도 조용히 묵종默從하면서 '주님의 뜻이오니 그의 기쁘신 뜻대로 이루어지이다' 할 따름입니다. 다시 나와의 관계에서 생각해 본다면, 이것을 '인내'라거나 '자족하는 마음'이라고도 할 수 있습니다. 타인과의 관계에서 온유한 마음은 선에 대하여서 부드러운 태도를 가질 뿐만 아니라, 악에 대해서도 역시 온화한 태도를 지니게 됩니다.

"온유한 자는 복이 있나니 그들이 땅을 기업으로 받을 것임이요"라는 예수님의 말씀이야말로 인간적인 견지에서 볼 때

존 웨슬리의 설교가 어디서나 환영받은 것은 아니었다. 가는 곳마다 몰려드는 군중을 못마땅하게 생각했던 그 지역의 성직자들이나 행정 관료들은 그들의 집회를 방해하였다. 어느 도시에서는 웨슬리의 영향을 받은 사람들이 새사람이 되어 술집과 도박장에 다니지 않자 심지어 업자들이 폭도를 동원하여 존 웨슬리나 설교자들을 위협하기도 하였으며, 메소디스트 운동 가담자 집에 돌을 던지거나 침입하여 기물을 파손하기도 하였다.

지극히 어리석은 것입니다. 이 세상의 지혜는 거듭거듭 우리에게 경고합니다. 우리가 세상에서 살아갈 때 우리를 함부로 대하는 것에 대하여 투쟁하지 아니하고 악한 자들의 이용물만 된다면, 우리는 이 세상에서 살아갈 수 없을 것이며, 매일매일의 생활필수품조차도 얻지 못할 것이며, 우리가 가지고 있던 소유물까지도 보존하지 못할 것이라고 말입니다. 그리고 평화롭고 안전한 생활이나 생을 즐기는 것은 꿈도 꿀 수 없을 것이라고 말입니다. 만일에 하나님이 계시지 않고, 하나님이 그의 자녀들에게 관심을 가지시지 않는다면, 그러한 것이 사실일지 모릅니다.

하지만 하나님은 분명히 계셔서 심판석에 좌정하시어 세상을 심판하시며, 온유한 자들을 도우시며, 인간의 지혜를 뽐내는 자들에게는 냉소하시고 견책하십니다. 더 나아가 그들의 잔인성도 오히려 하나님께 영광을 돌리는 것으로 변화시키십니다. 그는 온유한 자들에게 그들의 생활과 경건에 필요한 모든 것을 풍성히 공급하시고, 인간의 폭력과 거짓과 악의에도 불구하고, 그들에게 기쁨이 되십니다. 그들은 인내로써 자신들의 영혼을 보존함과 같이 하나님의 모든 선물도 향유하고 유지합니다. 그들은 자신들이 가진 것에 대하여 항상 자족하며 하나님과 함께 이를 향유합니다. 요컨대 그들의 마음과 욕망과 기쁨이 하늘에 있는 만큼, 그들이야말로 참된 의미에서 '땅을 차지한다' 고 말할 수 있습니다.

설교집 22번: 산상설교 II (Upon our Lord's Sermon on the Mount II)

함께 나눔 *

세상 사람은 온유한 사람을, 착하긴 한데 능력이 없거나, 무엇인가를 쟁취할 줄 모르는 소극적인 사람처럼 취급합니다. 생존경쟁이 치열한 이 시대에 온유한 사람은 '있는 땅도 빼앗길 것' 같은 사람으로 간주하기도 합니다. 목소리가 크고 극단적인 사람이 무엇인가를 이루고 성취한다고 생각합니다. 그러나 이런 사람들 때문에 세상이 시끄럽고 어지럽습니다. 악인의 목소리가 클수록 온유한 사람들은 침묵합니다. 온유함은 약함이 아닙니다. 통제된 힘입니다. 세상적인 힘을 사용할 수 있으나, 그 힘을 성령의 다스림에 굴복시킵니다. 온유한 사람은 그러한 상황을 인내하면서 자신이 해야 하는 일을 묵묵히 수행합니다. 남의 이목을 끌지 못하고, 남이 알아주지 않더라도 자신이 해야 할 일은 합니다. 그러나 그는 하나님의 살아 계심과 그분이 마지막 계산을 하시는 분이라는 믿음 속에서 마음의 평화를 누립니다. 교만한 사람은 때로 폭력을 사용하여 자신의 땅을 지키려고 하지만, 이들은 이 땅을 영원히 소유할 수는 없습니다. 모든 것이 하나님의 소유임을 믿으며 그분이 주시는 은혜에 감사하며 사는 온유한 사람이 이 땅의 진정한 향유자입니다.

1773. 9. 10. Fri.

Diary

학생들 형편이 걱정되어

킹스우드로 가서 학생들의 현재 형편을 살펴보았다. 나는 그들의 일부분은 하나님께 가까이 나아가고 있으나, 다른 일부분은 그렇지 못하여 즐거움 없이 지내고 있음을 발견하였다. 그들이 저녁에 자기들끼리 학교에서 기도한다는 소식을 듣고 그곳에 갔다. 나는 그들이 나 때문에 기도를 중단할까봐 창문 곁에 서서 지켜보았다. 두셋이 먼저 들어갔다. 그리고 점점 더 들어가 마침내 30명 이상이 함께 모였다. 그런 광경은 전에 본 일이 없었으며, 그 이후에도 없었다.

설교, 1748년, 월일미상, 런던

의에 주리고 목마른 사람

"의에 주리고 목마른 자는 복이 있나니 그들이 배부를 것임이요" 마 5:6

"의에 주리고 목마른 자는 복이 있나니"라는 주님의 말씀을 이해하기 위해서는 '주리고 목마른 것'이 어떤 것인지를 알아야 합니다. 인간의 육체의 주림과 기갈과 마찬가지로 하나님의 형상을 사모하는 의에 대한 영혼의 기갈은 모든 영적 갈망 중에 가장 강렬한 것입니다. 이 갈망이 일단 우리 가슴속에서 싹트면 하나님의 형상대로 새로 지음을 받으려는 열망이 다른 모든 갈망을 삼켜 버립니다. 또한 우리가 한번 육체의 굶주림을 느끼기 시작하면 이 갈망은 더욱 더 커져서 음식을 구해 배불리 먹음으로 해소하든지, 그렇지 않으면 죽든지 두 길 중의 하나일 것입니다. 이와 마찬가지로 우리가 '그리스도 안에 있는 마음'을 사모하기 시작하면, 이 영적 욕구는 식지 않고 더욱 가열되어, 충족되기까지는 멈추지 않을 것입니다. 결국 굶주린 자에게는 음식물 외에 다른 어떤 것도 필요하지 않습니다. 화려한 의복이나 금은보석이나 높은 영예나 모든 좋은 것을 줄지라도, 그들에게는 오직 음식물과 물이 필요할 따름입니다. 다른 나머지는 그들에게 하찮은 것일 뿐입니다. "이것들은 내가 원하는 것이 아닙니다. 내가 죽게 되었으니, 나에게 먹을 것을 주십시오!"라고 외칠 것입니다. 의에 굶주린 자도 그렇습니다. 그에게 '의' 이외에는 다른 아무것도 만족을 주지 못합니다. 부귀영화를 다 준다 하여도 그는 "이런 것들은 내가 원하는 것이 아닙니다. 나에게 의를 주십시오. 그렇지 않으면 죽을 수밖에 없습니다!"라고 말할 것입니다.

그러므로 누구를 막론하고 의에 대한 갈망을 지녔나면, 그 보배로운 선물을 얻기 위하여 하나님께 호소하십시오. 만일에 누가 당신을 비난하고 침묵을 강요할지라도, 이를 위하여 더욱 간절히 호소하십시오. "주 예수님, 나를 긍휼히 여기소서. 나로 하여금 당신의 거룩하심과 같이 거룩한 삶을 살게 하옵소서!" 그대는 '어찌하여 양식 아닌 것을 위하여 은을 달아 주며 배부

런던 성 앤드류교회,
아버지 사무엘 웨슬리가 목사 안수 받은 교회이나
후에 존 웨슬리를 핍박했다.

르게 하지 못할 것을 위하여 수고합니까?' 사 55:2 당신은 흙에서 행복을 바라며, 세상 물건에서 이익을 얻고자 합니까? 예수 그리스도에 대한 지식의 우월성과 하나님의 형상대로 지음을 받은 당신의 영혼의 전적인 갱신을 위하여 세상의 향락과 모든 부귀영화를 분토같이 버리십시오. 그리고 마음에 어떠한 변화도 가져오지 못하는 형식적 종교로 당신의 마음속에 있는 복된 의에 대한 굶주림과 목마름을 소멸시키지 마십시오. 뿐만 아니라 경건의 능력과 영과 생명의 종교, 즉 그대가 하나님 안에, 하나님이 그대 안에 거하시는 것 이외에 다른 데서 만족을 구하지 마십시오. 당신이 이러한 종교를 가질 때 그대는 영원한 하나님 나라의 시민이 될 것이며, 예수님의 보혈의 공로로 휘장 안에 들어가 그리스도 예수와 함께 하늘에 앉을 것입니다.

설교집 22번: 산상설교 II (Upon our Lord's Sermon on the Mount II)

함께 나눔 *

인간의 욕망 가운데 '주리고 목마름' 처럼 강렬한 것은 없습니다. 이러한 '타는 목마름과 배고픔으로' 하나님의 의義를 사모하고 있습니까? 우리는 우리 스스로의 의에 이미 배부른 것은 아닙니까? 자기 자신에게 의로움이 없고, 자신이 살고 있는 세상 속에 의로움이 없음을 절실하게 느낄 때, 우리는 하나님의 의를 사모하며 구하게 됩니다. 자기만족적이고 우월감에 사로잡히고, 사회의 모순과 불의에 눈감은 사람에게 의에 대한 목마름이나 배고픔이 절실할 리가 없습니다. 불의 속에 누리는 자기기만적인 만족이나 불의한 현실에 편승해서 기득권을 강화하는 사람들이 누리는 배부름보다, 의에 주리고 목마른 사람이 행복합니다. 때로 "통치자들과 권세들과 이 어둠의 세상 주관자들과 하늘에 있는 악의 영들"이 세상을 지배하고, 불의가 의를 이기는 것 같지만, 하나님의 의는 궁극적으로 승리합니다. 이 세상은 예수를 십자가에 못 박았지만, 하나님께서는 죽은 자 가운데서 그를 살리심으로 의의 최후 승리를 확증하셨습니다.

1774. 6. 28. Tue.

Diary

새벽기도, 가장 좋은 건강법

오늘은 내 생일이며, 72세가 되는 날이다.

왜 내가 30년 전과 같은 힘을 가지고 있을 수 있는지 생각해 보았다.

오히려 그때보다도 시력도 상당히 좋아졌고 신경도 강해졌다.

늙었다고 해서 약해진 점은 없으며,

그보다도 오히려 젊은 시절에 가졌던 약함이 사라졌다.

그 주요 원인은 마음에 합당하게 여기실 때

무엇이든지 하시는 하나님의 크신 은혜다.

좋은 방법이 있었다면, 40년간 계속해서 새벽 4시에 기상한 일,

대체로 아침 5시에 설교한 일인데,

이는 세상에서 가장 좋은 건강법이다.

그리고 바다와 육지로 1년에 적어도

45,000마일 이상 꼭 선교 여행한 일 등이다.

1777. 6. 1. Sun.

Diary

감독의 명령을 따라야만 하나?

코페트는 기쁜 마음으로 나를 영접하여
설교해 주기를 바라고 있었으나, 감독이 이를 금지하였다.
그리고 모든 목사들에게 메소디스트의 설교자가
성찬에 참예하는 것을 금지하라고 명령하였다는 것이다.
그러나 이런 금지에 대하여 양심상으로나 법률상으로
따라가야만 할 이유가 있을까? 만일 그것이 국왕의 의사라 할지라도
명백한 법률이 보장하는 일이 아니라면,
영국 국민을 좌우할 수는 없다. 하물며 감독이 하는 일에
그 이상의 권위를 인정할 수 있겠는가?
"그러나 그에게 복종하기로 약속하지 않았는가?" 라고 말할 것이다.
아니다. 나도 전국의 어떤 목사도 복종하기로 약속하지 않았다.
이것은 단지 일반적인 과오일 뿐이다.
일반적으로 이렇게 생각하고 있다는 것은 부끄러운 일이다.

설교, 1748년, 월일미상, 런던

평화를 위해 일하는 사람

"화평하게 하는 자는 복이 있나니
그들이 하나님의 아들이라 일컬음을 받을 것임이요" 마 5:9

넓은 의미에서 '평화를 위해 일하는 사람' 은 기회 있는 대로 모든 사람에게 선을 행하는 사람입니다. 하나님 사랑과 인류 사랑으로 가득한 사람이라면, 그는 다만 자기 가족이나 친구나 친지나 당파 또는 의견이 서로 같은 사람이나 믿음의 노선이 같은 사람에게만이 아니라, 이 좁은 울타리를 초월하여 이웃이나 모르는 사람이나 원수에게라도 사랑을 나타낼 것입니다. 그는 모든 기회를 이용하여 모든 사람의 유익을 위하여 선을 행하기를 힘쓸 것입니다. 그는 모든 가능한 방법과 전심전력을 다할 뿐 아니라, 그의 행복과 환란과 명예를 걸고 선을 행할 것입니다. 그가 다만 바라는 것은 주님이 오시어 "착하고 신실한 종아 잘 하였다"라는 칭찬을 받는 것입니다.

이 사람은 자신의 전 능력을 쏟아 선을 행하되, 모든 사람의 육체적 요구에 대해서도 등한시하지 않습니다. 굶주린 자에게 먹을 것을 주고, 헐벗은 자에게 입을 것을 주며, 나그네를 영접하여 환대하며, 환자와 갇힌 자를 방문하고 도와줍니다. 이런 모든 선은 사람을 보고 하는 것이 아니라, "너희가 여기 내 형제 중에 지극히 보잘것없는 사람 하나에게 한 것이 곧 내게 한 것이라"는 말씀을 기억하고 주님에게 하는 마음으로 하는 것입니다.

평화를 위해 일하는 자는 사람의 육체를 위해 하는 선도 기뻐하지만, 영혼을 위해 행하는 것을 더 기뻐합니다. 그러나 인간의 영혼에 끼치는 영향력은 오직 하나님만이 가능합니다. 따라서 인간의 마음의 변화도 오직 하나님만이 하십니다. 이 마음의 변화는 다른 무엇에 비길 수 없이 중요한 것입니다. 세상의 모든 일은 다 하나님께서 하시지만, 그는 특히 인간을 통하여 다른 인간에게 도움을 주며 그의 능력을 베푸시며, 행복과 사랑을 주시는 것을 즐거워하십니다. 그러므로 이 땅 위에서 행하는 인간에 대한 봉사는 결국 하나님이 하시는 일임에 틀림없으나,

신도회의 회원들이 소지했던 자격 증명서

그렇다고 하나님께서 항상 하시려니 생각하고 포도원 밖에 우두커니 서 있어서는 안 됩니다. 평화를 위해 일하는 자는 절대로 그렇게 할 수 없습니다.

우리는 하나님의 손에 잡힌 도구로서 주의 쓰심에 합당하도록, 땅을 일구고 천국의 씨를 뿌리기도 하며, 물도 주면서 하나님께서 성장케 해 주시기를 기다려야 합니다. 우리는 하나님께로부터 받은 은혜의 분량대로 부지런히 죄인을 권면하고 멸망의 넓은 길로 달리는 사람들을 선도하고 어두움에 앉아 지식이 없어 죽음의 길로 나가는 사람에게 빛을 던져 주어야 합니다. 그리고 약한 자는 붙들어 주어 무력한 팔과 다리를 자유로이 활동할 수 있게 하며, 저는 자를 고쳐 잘 걸을 수 있게 해야 합니다. 우리는 또한 이미 좁은 문으로 들어가려고 노력하는 사람을 도와 더욱더 정진하게 하며, 달리는 힘이 약한 사람을 도와 우리 앞에 놓인 경주의 길을 견디며 달려가게 하기를 힘써야 합니다. 또한 자기들이 믿고 있는 대상을 이미 아는 사람들까지도 가장 거룩한 믿음의 터 위에 서도록 하며, 그들 속에 있는 하나님의 은사를 격려하고 북돋움으로 은혜 안에서 점점 자라 우리의 구주가 되신 예수 그리스도의 영원하신 나라에 들어갈 수 있도록 지도하기를 힘써야 할 것입니다.

– 설교집 23번: 산상설교 III (Upon our Lord's Sermon on the Mount III)

함께 나눔 *

우리 시대에 가장 필요로 하는 것이 평화입니다. 이 세상에는 갈등과 대립과 전쟁이 끊임없습니다. 이 평화를 어떻게 이루겠습니까? 로마 제국은 힘과 폭력에 의해 제국의 평화를 이루었습니다. 반대하는 모든 세력을 전쟁을 통하여 정복하고, 제국의 질서에 제 민족과 국가를 편입시킴으로써 침묵과 굴종의 평화를 만들었습니다. 오늘날도 강대국이나 강자들은 힘에 의한 평화를 추구합니다. 이에 저항하여 약한 민족이나 개인은 테러를 감행합니다. 그러나 예수님은 폭력을 통한 평화는 거짓 평화이며 참된 평화는 하늘로부터 오며, 사람이 거듭나서 하나님 나라의 가치와 질서를 따를 때 가능하다고 가르치셨습니다. 그리고 그 자신이 그러한 길을 보여 주셨습니다. 그러므로 사도 바울은 "그는 우리의 화평이신지라 둘로 하나를 만드사 원수 된 것 곧 중간에 막힌 담을 자기 육체로 허시고 법조문으로 된 계명의 율법을 폐하셨으니 이는 이 둘로 자기 안에서 한 새 사람을 지어 화평하게 하시고"엡 2:14~15라고 말씀하였습니다.

1781. 5. 14. Tue.

Diary

세 공장을 방문하고

수년 전에 방직과 직물회사 등이 엡윗에 설립되었다.
그 공장들에 수많은 젊은 부인들과 소년 소녀들이 고용되었다.
그들의 이야기는 매우 추잡하여 들을 수 없을 정도였다.
그런데 어떤 직공들이 우연히 출석하였던 기도회에서
마음에 큰 변화를 받고 돌아왔다. 그들은 다른 직공들을 감화시켜
동료가 될 때까지 계속 권면하여 마침내 전체가 변하였다.
세 공장에서는 이제 더러운 말이나 음담패설이
자취를 감추었으며, 하나님은 그들의 입에 새로운 노래를 주시고
모독적인 입술을 찬미하는 입술로 바꿔 주셨다.
나는 이들 세 공장을 오늘 방문하였는데
쓸데없는 말을 들을 수 없었으며,
서로 사랑으로 교제하고 있었다.

1739. 4. 4

Letter, 브리스톨

직접 보고 들은 바를 증거하렵니다

…… 사랑하는 형님,
전체적으론 변하지 않았더라도 중요한 것들은 급변하고 있습니다. 형님께선 이러한 결과를 얻기 위해 하나님께서 일하시지 않으시며 – 적어도 그와 같은 방식으로 역사하시지 않는다고 말씀하셨습니다만, 저는 하나님의 역사하심을 확신합니다. 제 귀로 듣고 제 눈으로 똑똑히 보았기 때문입니다. 수많은 사람들이 공포와 절망과 두려움에서 순간에 희망과 기쁨과 평화의 마음으로 변하며, (죄에 매어 있는 동안) 죄만 지으려 하던 욕망이 하나님의 뜻을 행하려는 순수한 욕망으로 변하는 것을 보았습니다. 지금까지 이런 사실을 목격해 왔으며, 지금도 거의 매일 목격하고 있습니다. 어제는 사자 같던 자가 오늘은 순한 양이 되고, 어제는 형편없던 술주정뱅이가 오늘은 모범적인 신사가 되고, 어제는 창녀를 사고팔던 포주들이 오늘은 육적 쾌락이라면 혐오를 느끼는 현상들을 형님은 보셨습니까? 이것들이야말로 제가 전하는 말씀 – 하나님께선 예나 지금이나 죄를 사해 주시며 성령의 선물을 주시는데, 이것이야말로 우리가 바라는 소망이라 할 수 있습니다 – 을 생생하게 증거하고 있습니다. 만약 그렇지 않다면 저는 지금 거짓 증거들을 보고 있는 셈입니다. 설령 그렇다 하더라도 저는 제가 직접 보고 들은 바를 증거하고 있으며, 앞으로도 계속 증거할 것입니다.

1749. 10. 10

Letter, 뉴캐슬 어폰 타인

제 모든 잘못을 용서해 주십시오

사랑하는 존 베네트* 형제에게,
잠시나마 당신과 함께 시간을 갖고 싶었지만,
이렇게 짧은 글로 대신할 수밖에 없군요. 제가 마음속으로 바라며
하나님께 기도드리는 것은, 우리가 같은 영혼을 지니고 있듯,
우리의 마음도 하나가 되어 계속 서로 신뢰하며
서로 마음과 마음을 전할 수 있게 되는 것입니다.
지금 이 순간부터라도 말이나 글로 나타난 불쾌하고 버릇없었던
모든 일들을 (저 역시 너무도 많은 말을 했습니다만) 잊기로 합시다.
오늘까지 우리 사이에 일어났던 이 모든 일들은
없었던 것으로 합시다. 사랑하는 형제여, 그리스도로 인하여
하나님께서 그대를 용서하셨듯이 제 모든 잘못을
용서해 주시길 바랍니다. 그리고 이제부터는 손을 맞잡고
예수 그리스도 안에서 부르심을 받은 이들에게 마련된
상을 받기 위해 푯대만 바라보고 전진합시다.
하나님의 평화가 그대와 그대 부인에게 함께 하시길 빕니다.

*존 베네트 – 존 웨슬리가 한때 마음에 두고 있던 그레이스 머레이라는 여인과 결혼했던 메소디스트 운동의 평신도 설교자

설교, 1748년, 월일미상, 런던

뜻이 하늘에서 이루어진 것 같이

"나라가 임하시오며
뜻이 하늘에서 이루어진 것 같이 땅에서도 이루어지이다" 마 6:10

"뜻이 하늘에서 이루어진 것 같이 땅에서도 이루어지이다." 이것은 하나님의 나라가 임하는 어느 곳이나, 다시 말하면 하나님께서 믿음에 의해 영혼 속에 거하시며, 그리스도께서 사랑으로 마음속에서 통치하시는 곳이면 어디나 일어나는 즉각적인 결과입니다. 일반적으로 사람들은 이 기원이 우리에게 향하신 하나님의 뜻이 무엇이든지 간에, 수동적으로 복종하는 우리의 태도의 표현과 기도라고 생각하기 쉽습니다. 물론 이런 자세도 성스럽고 훌륭하며, 그 자체도 하나님의 귀한 선물이라고 할 수 있습니다.

그러나 이러한 자세는 이 기도에서 의미하는 바가 아닙니다. 설사 그러한 의미가 담겨 있다고 해도 그것은 중요한 것이 아닙니다. 우리가 "뜻이 하늘에서 이루어진 것 같이 땅에서도 이루어지이다"라고 기도할 때에는 수동적인 자세보다는 하나님의 뜻에 대한 적극적인 순종을 위해 기도하는 것입니다. 하늘의 천사들, 즉 하나님의 보좌를 호위하고 있는 천사들은 어떻습니까? 그들은 하나님의 뜻을 즐거움으로 수행하며, 그의 계명을 좋아하며, 그의 말씀을 기쁘게 듣습니다. 그들에게 있어서 하나님의 뜻을 지키고 실행한다는 것은 그들의 양식이며, 그들의 최상의 영광이며 기쁨입니다. 그들은 언제나 그의 뜻을 실행하며, 하나님을 섬기기를 그치지 않습니다. 그들은 밤과 낮의 모든 시간(이것은 인간적 견지에서 말하는 것입니다. 왜냐하면 저 영원한 세계에는 시간이라는 것이 없기 때문입니다.)을 하나님의 명령과 계획과 거룩한 뜻을 이루기 위해서 사용합니다. 그리고 그들은 봉사를 완벽하게 합니다.

그러므로 우리가 "뜻이 하늘에서 이루어진 것 같이 땅에서도 이루어지이다"라고 기원할 때 의미하는 바는, 지구에 있는 모든 사람들, 인류의 모든 종족들이 천사가 행한 것처럼 기쁜 마음으로 하늘에 계신 아버지의 뜻을 행하게 해달라는 것입니다.

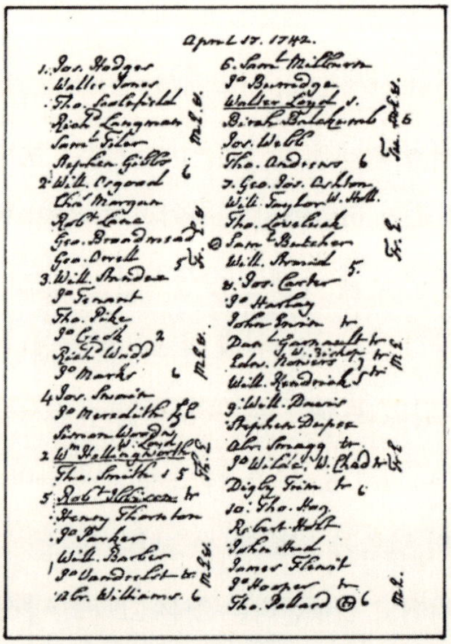

존 웨슬리가 관장하던 신도회의 초기 멤버들,
주중 모임 시간이 명기되어 있다.

또한 그들이 봉사함에 있어서 천사들처럼 중단 없이 계속해서 하나님의 뜻을 행할 수 있도록 해달라는 것입니다. 그리고 그 일을 완전하게 행하게 해달라고 하는 것입니다. 그리하여 '평강의 하나님이 모든 선한 일에 너희를 온전케 하사 자기 뜻을 행하게 하시고 그 앞에 즐거운 것을 우리 속에 이루시기를' 기도하는 것입니다. 다른 말로 하면, 우리가 하는 모든 일이 하나님의 뜻에 합당하기를 바라며, 하나님의 거룩하시고 기뻐하시는 뜻 외에는 다른 것을 하지 않기를 기도하는 것입니다. 또한 하나님이 원하시는 일을 그분이 기뻐하시는 방법으로 행할 수 있도록 기도하는 것입니다. 마지막으로 우리는 이것이 하나님의 뜻이기 때문에 이것을 하도록 기도하는 것입니다. 이것이 유일한 이유가 되기를 기도하며, 우리가 무엇을 생각하고, 말하고, 행동하든지, 이것이 유일하고도 온전한 동기가 되기를 기도하는 것입니다.

설교집 26번: 산상설교 VI (Upon our Lord's Sermon on the Mount VI)

함께 나눔 *

예수님의 선포의 핵심은 '하나님의 나라' 입니다. 예수님이 공생애를 시작하시면서 첫 번째로 선포하신 것이 "회개하라, 하나님의 나라가 가까이 왔다"라는 것이었습니다. "나라가 임하옵시며"에서 '나라' 는 바로 '하나님의 나라' 입니다. '하나님의 나라' 는 하나님의 뜻이 이루어지는 곳, 하나님의 통치(다스림)가 있는 곳입니다. '하나님의 나라' 는 하나님의 뜻이 온전히 이루어진 하늘나라, 미래의 나라이기도 하지만, 지금 여기에서 예수님과 함께 임하는 나라입니다. 하나님의 뜻인 사랑과 용시, 치유와 회복이 일어나는 곳, 하나님의 정의와 평화와 내주가 이루어지는 곳입니다. 이것이 일어나는 곳이면, 그것이 개인이든 집단이든 하나님의 나라가 시작되는 것입니다. "뜻이 하늘에서 이루어진 것 같이 땅에서도 이루어지이다"라는 기도는 하나님께서 하나님의 뜻을 이루시기를 간구할 뿐 아니라, 자기 자신도 하나님의 뜻이 이 땅에 이루어지도록 능동적으로 참여하기를 간구하는 것입니다. 이제까지 자신이 가던 길에서 돌아서서(회개), 새롭게 동터오는 하나님 나라의 일꾼이 되는 것이 그리스도인의 삶입니다.

1782. 9. 26. Fri.

Diary

가난하지만 행복한 형제들이 놀라워

우리 형제들의 극심한 빈곤을 보고,

그들을 구호하기 위해 내가 할 수 있는 일을 실천하기로 결심하였다.

나는 몇몇 유복하게 사는 형제들에게 개별적으로 말하여

40파운드가량을 기부받았다.

그리고 형제들 중 가장 빈궁한 사람들이 누구인지를 묻고,

그들의 집으로 직접 찾아갔다. 나는 그들 중에

그 누구도 불평하지 않고, 오히려 하나님 안에서

참으로 행복하게 지내는 모습을 보고 크게 놀랐다.

그리고 그들은 자신들이 받은 이 적은 구호에 대하여

진심으로 감사하였다.

1785. 1. 4. Tue.

Diary

눈 쌓인 길가를 헤맸더니

이 시기에 우리는 늘 빈곤한 사람들에게
석탄과 빵을 분배하는 일을 하였으며, 빵과 같이 옷가지도
필요하리라고 생각하였다. 그래서 필요한 사람들에게
옷가지를 나누어 주기 위해 나흘 동안 도시를 돌아다니며
돈을 모금하러 다녔다. 그러나 눈이 너무 많이 쌓여
어떤 곳은 무릎까지 빠질 정도여서 쉬운 일이 아니었다.
아침부터 밤까지 내 발은 눈 녹은 물로 흠뻑 젖어 있었다.
토요일 저녁때까지 그런대로 잘 견디었으나,
결국 설사가 시작되었다. 시간마다 더 심해지므로
아침 6시에 화이트헤드 박사가 왕진해 주었다.
약을 한 번 마셨더니 상당히 좋아졌으며 서너 차례 마시고 나니
완전히 나았다. 그가 몇 해만 더 산다면
유럽에서 가장 유명한 의사 중의 한 사람이 되리라고 기대한다.

설교, 1760년, 월일미상, 런던

올바른 돈의 사용

"내가 너희에게 말하노니
불의의 재물로 친구를 사귀라 그리하면 그 재물이 없어질 때에
그들이 너희를 영주할 처소로 영접하리라" 눅 16:9

하나님을 경외하는 자들이 가치 있는 재물을 어떻게 활용할 수 있을까, 어떻게 이 영광된 목적에 응답하되, 최상의 수준으로 응답할 수 있을까를 배우는 것은 아주 중요한 일입니다. 이에 필요한 교훈들은 다음의 세 가지 평범한 원칙으로 요약될 수 있을 것입니다. 이를 정확하게 지킴으로써, 우리는 '불의의 재물' 의 신실한 청지기임을 증명할 것입니다.

첫 번째 원칙은 "할 수 있는 대로 많이 벌어라"는 것입니다. 이 점에 있어선 우리는 세상의 자녀들과 똑같이 말하고 있는지

도 모릅니다. 그리고 우리는 똑같은 처지에서 그들과 만나게 됩니다. 이렇게 하는 것이 우리의 본분이기도 합니다. 본래의 값보다 더 비싸게 사들이지도 말고, 그렇다고 너무 싸게 지불하지도 않으면서 우리는 될 수 있는 대로 많은 것을 벌어야 합니다. 그리고 생명을 희생시키면서 돈을 벌거나 (결과적으로 똑같은 일이 되겠지만) 혹은 건강을 해치면서까지 돈을 벌어서는 안 됩니다. 그러므로 우리는 어떠한 종류의 직업일지라도 그것이 너무 고되거나 오랜 노동을 하게 되어 건강을 해치게 하는 직업은 어떤 이득이 있다고 하더라도 취하지도 말고 계속 하지도 말아야 합니다. 우리의 본성이 요구하는 바에 따라, 적당히 먹고 잠자는 시간마저 필연적으로 빼앗아 버리는 직업은 어떤 것이라도 시작하거나 계속하거나 하지 말아야 합니다. 인간의 생명은 음식보다 중하며, 몸이 또한 의복보다 귀중한 것입니다. 그러나 우리가 이미 그러한 직업에 종사하고 있다고 하더라도 가능한 한 조속히 직업을 바꾸게 된다면, 우리의 수익이 다소 줄어들게 될지라도 건강을 해치지는 않게 될 것입니다.

정직한 지혜와 불굴의 노력으로 될 수 있는 대로 많은 것을 벌었다면, 그리스도인들이 신중하게 행해야 할 두 번째 원칙은 "할 수 있는 대로 많이 저축하라"는 것입니다. 귀중한 달란트를 바다에 내던지지 마십시오. 그런 어리석은 짓은 이방인 철학자들이나 행하게 하십시오. 재물을 무익한 경비로 쓰지 않게 하십시오. 그것은 재물을 바다에 던지는 것과 같습니다. 단지 육신의 정욕이나 안목의 정욕, 생활의 허영심을 충족시키기 위해 재물의 일부를 사용하지 마십시오. 귀중한 달란트의 일부를 단지 육신의 정욕을 만족시키기 위해, 어떠한 종류의 즐거움이든지 관능적인 기쁨을 얻기 위해 낭비하지 않도록 하십시오.

그러나 '할 수 있는 한 많이 벌고', '할 수 있는 대로 많이 저축하는' 데까지 겨우 이르고 나서, 다 된 것처럼 여기에서 멈추어서는 안 됩니다. 만일 사람이 거기서 그치고, 더 높은 목표를 향해 나가지 않는다면, 모든 것이 다 허사가 됩니다. 만일 그가 쌓아놓기만 한다면 참된 의미에서 저축한다고 말할 수는 없습니다. 돈을 땅 속에 파묻느니 차라리 바다에 던지는 것이 낫습니다. 여러분의 금고나 은행에 돈을 넣어 두는 것은 돈을 땅 속에 파묻는 일과 마찬가지입니다. 돈을 사용하지 않는 것은 절대적으로 돈을 던져 버리는 일과 마찬가지입니다. 그러므로 만일 여러분이 불의한 재물로 친구를 사귈 생각이 있다면 앞서 말한 두 가지 원칙에다 세 번째 원칙을 추가해야 합니다.

그것은 "할 수 있는 대로 많이 나누어 주라"는 것입니다. 이를 위해서 천지의 소유자가 되신 하나님께서 여러분을 인간이 되게 하시고 세상에 두셨을 때, 여러분을 소유자가 아니라 청지

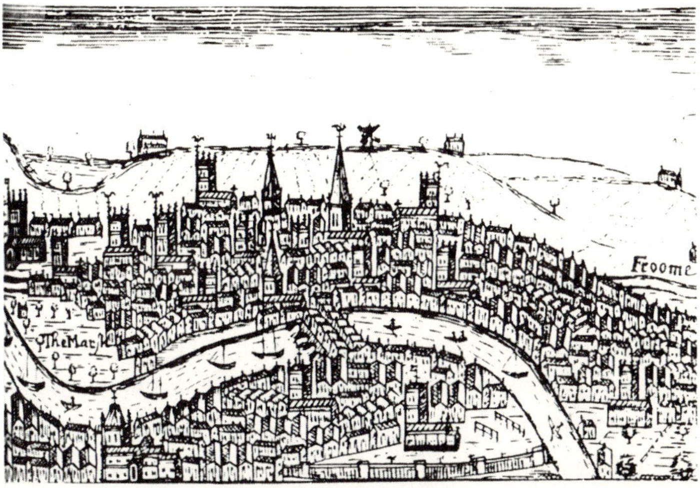

1739년의 브리스톨.
북미와의 교역을 위한 중요한 항구였으며 탄광업의 중심지였다.
감리교회 최초의 예배당(뉴룸)이 세워진 곳이다.

기로 삼으셨다는 것을 생각하십시오. 하나님께서는 여러분에게 잠시 동안 여러 가지 종류의 재물을 맡기셨습니다. 그러나 이 모든 것의 완전한 소유권은 하나님께 있으며, 하나님으로부터 분리될 수 없습니다. 여러분 자신도 여러분의 것이 아니고 하나님의 소유인 것같이, 여러분이 누리고 있는 것은 모두가 다 하나님의 것입니다. 여러분의 영혼과 육체도 마찬가지입니다. 여러분의 재물은 특히 더 그렇습니다. 하나님께서는 아주 분명하게 예수 그리스도가 받아들일 수 있는 거룩한 재물이 되도록 물질을 사용해야 한다고 말씀하셨습니다. 그리고 이와 같은 봉사에 대해 영원히 가치 있는 영광으로 상 주실 것을 약속하셨습니다.

설교집 50번: 돈의 사용 (The Use of Money)

함께 나눔 *

우리 시대는 돈이 곧 하나님이 되어 버린 시대입니다. 신앙은 전적으로 영적인 문제이기 때문에 돈 문제는 신앙의 문제가 아니라고 말하는 것은 정직하지 않습니다. 오늘날 '경제 없는 사랑' 이 공허하듯이, '경제 없는 신앙' 도 그렇습니다. 경제 문제가 때로는 영적인 문제가 됩니다. 오늘날 올바른 신앙을 방해하는 가장 유력한 것이 돈입니다. "돈을 사랑함이 일만 악의 뿌리가 되나니 이것을 탐내는 자들은 미혹을 받아 믿음에서 떠나 많은 근심으로써 자기를 찔렀도다"딤전 6:10고 사도 바울은 갈파합니다. 하지만 '돈을 사랑함' 이 문제이지, 돈 자체를 죄악시하는 것은 현실적이지 못합니다. 사실 오늘날 세계에서 돈 없이 살아간다는 것은 불가능합니다. 그렇다면 그리스도인이 돈에 대해 어떠한 태도를 가져야 할지, 웨슬리는 아주 현실적인 제안을 합니다. "먼저 할 수 있는 대로 많이 벌어라, 물론 정당한 방법으로. 할 수 있는 대로 많이 저축하라, 사치하거나 낭비하지 말고. 할 수 있는 대로 많이 나누어라, 자신의 것으로 여기지 말고 청지기로서." 세상을 등지고 금욕생활을 하는 수도사가 아닌, 생활인으로서의 그리스도인이 돈을 어떻게 대해야 하는지에 대한 현실적인 가르침이라고 할 수 있습니다.

1785. 4. 24. Thu.

Diary

50년 된 한 알의 밀알을 발견했다

나는 요즘,

50년 전에 심은 한 알의 겨자씨가

참으로 놀랄 만큼 성장하였다는 사실을 절실히 느끼고 있다.

전 영국, 아일랜드, 화이트 섬, 만 섬, 이어서

아메리카와 리워드 군도, 전 유럽, 캐나다, 뉴핀란드에 이르기까지

그 열매가 널리 퍼져 나갔다.

각 지역에서 신도회가 조직되어

거룩한 신앙을 인정하며 하나의 규칙 하에 전진해 나가고 있다.

그들은 형식만이 아니라 '신령과 진정으로'

하나님을 예배하려고 노력하고 있다.

설교, 1777년 4월 21일, 런던

메소디즘이란 무엇인가?

"이 때에 야곱과 이스라엘에 대하여 논할진대
하나님께서 행하신 일이 어찌 그리 크냐 하리로다" 민 23:23

여러분들은 당연히 "메소디즘이 무엇입니까?"라고 물으실 것입니다. 이 새로운 단어는 무엇을 의미합니까? 이것은 새로운 종교 아닙니까? 사람들은 흔히 그렇게 생각합니다. 하지만 메소디즘이 새로운 종교라는 것은 전적으로 잘못된 것입니다. 메소디즘은 말하자면 오래된 종교이며, 성경의 종교이며, 초대 교회의 종교이며, 영국 국교회의 종교입니다. 이 '오래된 종교'(내가 『이성과 종교적인 사람들에게 드리는 열정적인 호소』에서 말한 바대로)는 바로 사랑입니다. 즉 하나님께 대한 사랑과 모든 인류에 대한 사랑입니다. 마음과 영혼과 힘을 다하여 하나님을 사랑하는 것입니다.

하나님께서는 우리를 먼저 사랑하셨고 우리가 받은 모든 선함의 근원이십니다. 우리가 기뻐하기를 기대하는 모든 것의 근원이십니다. 첫째는, 하나님을 사랑하는 것이고, 둘째는, 하나님께서 만드신 모든 영혼, 지상 위에 있는 모든 사람을 우리 자신의 영혼처럼 사랑하는 것입니다. 이 사랑은 인생의 커다란 약입니다. 이것은 인간들의 모든 비참과 악에 대한, 그리고 혼란한 세상의 모든 악에 대한 틀림없는 처방전입니다. 사랑이 있는 곳마다 손을 맞잡고 가는 덕과 행복이 있습니다. 거기에 마음의 겸손, 온유, 인내 그리고 하나님의 형상이 있습니다. 그리고 동시에 말할 수 없는 기쁨을 동반한 모든 지각에 뛰어난 평강이 있습니다. 그리고 영광으로 충만합니다. 이 사랑과 기쁨과 평강의 종교는 영혼 깊은 곳에 자리하고 있지만, 열매로서 자신을 영원히 보여 주고 있으며, 계속해서 모든 순수함(사랑은 그의 이웃에게 아무런 해도 주지 않기 때문에) 뿐만 아니라 같은 방법으로 여러 종류의 선행을 나타내고 있고, 그것 주위의 모두에게 덕과 행복을 전파합니다.

메소디즘은 성경의 종교입니다. 주의 깊게 성경을 읽는 자는 아무도 이를 부인할 수 없습니다. 메소디즘은 구약과 신약을 통

파운드리, 런던에 있는 웨슬리의 본거지

A) 웨슬리의 아파트 B) 웨슬리의 서재 C) 종, 아침 예배와 저녁 기도회를 위해 오전 5시, 오후 4시에 하루도 빠짐없이 울렸다. D) 중앙 출입구 E) 강단 출입구 F) 설교자 숙소 G) 교실, 신도회 방

하여 흐르는 맥락과 같은 선상에서 가르치는 종교입니다. 모세와 선지자들, 우리의 복되신 주님과 그의 사도들은 한 음성으로 선포합니다. "너는 마음을 다하여 주 너의 하나님을 사랑하고 네 이웃을 네 몸처럼 사랑하라." 성경은 '사랑이 율법의 완성'

이라고 선포합니다. 또한 사랑은 하나님의 말씀에 포함되는 '모든 계명의 목적' 이라고 합니다. 사랑의 내적, 외적인 열매들은 영감을 받은 기록자들에 의하여 충분히 서술되었습니다. 그래서 누구든지 성경이 하나님의 말씀이라 시인하는 자는 메소디즘을 참 종교라 시인하지 않을 수 없습니다.

형제 여러분, 나는 여러분의 대다수가 영국 국교회의 교인들이라 추정합니다. 어쨌든 여러분은 그렇게 불립니다. 그런데 여러분은 진정으로 그런 사람입니까? 여러분은 서로 판단하지 마시고 자신의 속을 들여다보십시오. 하나님 앞에서 여러분의 양심을 시험하십시오. 여러분은 진실로 성경적인 종교의 행복한 참여자이며, 진실로 초대교회적인 종교의 행복한 참가자이십니까? 여러분은 사랑의 종교의 증인이십니까? 여러분은 하나님과 모든 인류를 사랑합니까? 여러분의 마음은 선하고 완전한 모든 선물을 주시는 분에 대한 감격으로 흥분되십니까? 여러분에게 생명과 호흡과 모든 것을 주시는 모든 육체의 영들의 아버지에 대한 감사로 떨리십니까? 여러분에게 그분의 외아들을 주셨고 여러분에게 '멸망치 않고 영원한 생명을 주신' 분에 대한 감격으로 벅차오르십니까? 여러분의 영혼은 모든 인류에 대한 자비심으로 뜨겁습니까? 여러분은 모든 사람이 덕스럽고 행복하기를 열망하십니까? 그리고 여러분의 생활과 대화의 계속적인 방향이 이것에 대한 증거를 담고 있습니까? 여러분은 '말로만 아니라 행함과 진실함으로' 사랑합니까? 여러분은 '믿음의 역사와 사랑의 수고'에 진력하십니까? '그리스도께서 우리를 사랑하시고 우리를 위하여 자신을 버리신 것처럼' 여러분은 사랑 가운데서 행하십니까? 여러분은 시간이 나는 대로 모든 이에게 선한 일을 행하십니까? 그리고 여러분은 할 수 있는 한 최대한 성실하게 행하십니까?

"누구든지 하늘에 계신 내 아버지의 뜻대로 하는 자가 내 형제요 자매요 모친이니라." 누구든지 여러분의 마음이 내 마음과 같으면 나와 손을 잡으십시다. 우리 함께 여호와를 찬미하십시다. 이 땅에 그분의 나라를 확장시키기 위해 노력합시다. 이 복스러운 일에 마음과 손을 합하십시다. 사람들 중에 있는 평화와 선의가 가장 높은 곳에 계신 하나님께 영광을 돌리도록 최선을 다하십시다. 먼저 여기에 우리의 마음을 연합하십시다. 우리의 염원과 기도들을 합하십시다. 순결하고 깨끗한 종교의 보편적인 부흥을 위해 우리의 전 영혼을 뜨겁게 달구십시다. 모든 하나님의 자녀들 속에 하나님의 형상과 순전한 사랑의 회복을 갈망하십시다. 그다음 우리의 여러 다양한 상황 가운데 이 성경적이고 초대교회적인 종교를 확산시키려고 노력하십시다. 우리는 우리와 교제하는 모든 사람들 속에 사랑의 종교를 열심히 보급시키십시다. 모든 사람에게 적의와 다툼이 아닌 사랑과 선행을 독려하십시다. 그리고 항상 "하나님은 사랑이시라 사랑 안에 거하는 자는 하나님 안에 거하고 하나님도 그의 안에 거하시느니라" 요일 4:16라는 하나님의 깊이 있는 말씀을 기억하도록 합시다. 하나님께서 우리의 마음에 이 말씀을 새겨 주시기를!

설교집 112번: 새로운 교회의 초석을 놓음에 관하여
(On Laying the Foundation of the New Chapel)

함께 나눔

옥스퍼드대학 시절 존 웨슬리와 그의 동료들은 당시 타락하고 방종한 대학 캠퍼스 내의 분위기에 휩쓸리지 않고 경건한 삶을 살기 위하여 소그룹 모임인 '신성회'(Holy Club)를 결성하였습니다. 그들은 성경을 신앙과 실천의 표준으로 삼고, 그 당시 잘 지켜지지 않던 교회법을 철저하게 지키려고 노력하였습니다. 그러한 그들을 향하여 사람들은 '메소디스트'(Methodist)라고 불렀습니다. 이 말은 원래 '규칙주의자' 혹은 '엄격주의자'라는 뜻으로, 조롱하는 말이었습니다. 이들은 졸업 후에도 모임을 계속 이어갔는데, 존 웨슬리가 회심하고, 그 이후 메소디스트들이 집단적인 성령 체험을 한 후, 이 경건과 각성 운동이 전국적으로 확산되어 갔습니다. 이들은 영국 국교회에 머물면서 운동을 전개하였는데, 후에 미국의 독립으로 인해 독자적인 선교와 성례전 집례의 필요성에 의해 오늘날의 감리교회로 발전하게 되었습니다. 웨슬리는 메소디스트 운동이 성경적인 운동이요, 성화의 운동이요, 사랑의 운동임을 강조하고 있습니다.

1785. 6. 1. Fri.

Diary

기도의 힘을 믿으며

나는 이 지역 신도회의 상황을 정확하게 파악하였다.
회원 수는 약 400명이었으며, 모두 열심이었다.
많은 아이들, 특히 소녀들은 분명히 의롭다 하심을 얻었으며
몇몇은 성화된 것으로 보였다. 삶이 모두 거룩하였다.
그러나 이곳 콜크만이 아니라 전국 각처에서 붙여진 이 불꽃을
어떻게 하면 꺼지지 않게 지켜 나갈 수 있을 것인가?
가만히 앉아 있을 것이 아니라,
그들이 내적으로 받아 가지고 있는 하나님의 은사를 자극함으로,
끊임없는 정성으로 모든 사람들을 근신시킴으로,
모든 사람들을 훈계함으로, 그리고 기도의 힘으로
보좌를 움직일 것이다. 그러나 이런 모든 노력을 한 후에,
어떤 이들은 받은 은사를 발전시켜 나가는 이도 있을 것이고,
그렇지 못한 이도 있을 것이다. 그리고 그 결과로
떨어져 나가는 이들도 생길 것이다.
우리는 이에 낙심할 것이 없다.
내일 염려는 하나님께 맡기고,
오늘 우리 앞에 놓인 일만 힘쓸 뿐이다.

4

새 하늘과 새 땅을 소망하며

예수 그리스도에 의해 이 세상에 이미 하나님의 나라가 임했지만, 아직 온전히 실현되거나 완성되지 않았습니다. 하나님 나라의 여명이 밝아오고 있지만, 아직도 이 세상에는 어둠이 깔려 있습니다. 이 세상의 "통치자들과 권세들과 이 어둠의 세상 주관자들과 하늘에 있는 악의 영들"(엡 6:12)이 활개 치는 세상입니다. 그래서 이 세상에는 불의와 억압과 고통과 슬픔이 있습니다. 인간뿐만이 아니라, "피조물이 다 이제까지 함께 탄식하며 함께 고통을 겪고"(롬 8:22) 있습니다. 그러나 우리는 하나님께서 '모든 눈물을 그 눈에서 닦아 주시고 다시는 사망이 없고 애통하는 것이나 곡하는 것이나 아픈 것이 다시 있지 아니하고, 처음 것들이 다 지나가고 만물을 새롭게 하시는'(계 21:3~5) 새 하늘과 새 땅을 소망하며 살아갑니다.

존 웨슬리 찬송시

기도에 응답하소서

오, 갇힌 저들의 탄식,
당신 앞에 향이 되게 하소서.
당신께서 가까이 계심을 느끼고 있다면,
저들로 울게 하소서.
그 겸허한 울음이 하늘을 뚫게 하소서.
결박된 포로들이 죄에서 속히 벗어나기 위해
울부짖나이다.
당신의 집으로 부르소서. 포로들이 돌아오게 하소서.
평화를 위해 지불하신 피를 저들에게 보여 주소서.
흔들림 없는 소망의 닻을 내리게 하소서.
그리하여 저들을 죄의 두려움에서 벗어나게 하시고,
속량된 그들을 데리고 오소서.
깊은 곳에서 부르짖는 저들의 외침에 귀 기울이소서.
넘어진 자 일으키시고, 애통하는 자에게 기쁨을 주소서.
오, 의의 태양이시여! 떠오르소서!
저들의 모든 의심과 두려움을 몰아내소서.
가장 작은 것들의 시간을 긍휼히 보옵소서.

모든 망설이는 영혼들을 모으소서.
당신의 구원의 날개를 펼치소서.
마음 찢긴 자를 온전히 치료하소서.
불같은 시험이 있을 때, 저들 곁에 계셔 주소서.
쇠약해진 저들의 마음 지켜 주소서.
당신의 능력을 보여 주시고, 끝까지 인내하게 하소서.
이 메마른 곳에서 저들의 영혼을 만족하게 하소서.
저들에게 구원의 강건함을 허락하소서.
당신의 은총이여 저들을 찾으소서.
또한 나도 찾으소서.
은혜의 역사를 당신께서 시작하셨는데,
저들의 태어남을 헛되이 하시겠나이까?
오, 당신들의 자녀로 저 태양을 보게 하소서.
저들의 모든 영혼을 다시 태어나게 하소서.
저들을 위해 당신과 함께 아파하는 지체들이 간구하나이다.
역사하는 믿음이 큰, 믿는 자의 기도에 응답하소서.
태어나기 위해 싸우는 모든 아이들로 태어나게 하소서.

– 『메소디스트라 불리는 사람들을 위한 찬송시 선집』, 450번

설교, 1750년, 월일미상, 런던

편협한 믿음에서 벗어나라

"요한이 예수께 여짜오되
선생님 우리를 따르지 않는 어떤 자가 주의 이름으로 귀신을 내쫓는 것을
우리가 보고 우리를 따르지 아니하므로 금하였나이다
예수께서 이르시되 금하지 말라 내 이름을 의탁하여
능한 일을 행하고 즉시로 나를 비방할 자가 없느니라" 막 9:38~39

내가 만약 가톨릭교도나 아리우스파* 사람이나 소시누스파** 사람이 귀신을 쫓아내는 것을 본다면 어떻게 해야 하겠습니까? 내가 '편협한 믿음'을 갖지 않고는 그런 사람일지라도 말릴 수는 없습니다. 그렇습니다. 설령 내가 유대인이나 이신론자나 (난폭한) 터키 사람이 똑같이 귀신을 쫓아내는 것을 보았다고 가정합시다. 그래도 내가 직접으로나 간접으로라도 그를

*아리우스파 – 삼위일체 논쟁 중 성부 하나님과 성자 예수님의 동일본질을 부정하고, 성부와 성자의 차이를 강조한 아리우스 장로를 추종하던 그룹
**소시누스파 – 16세기 말 삼위일체를 반대하는 소시누스를 추종하던 그룹

말린다면, 나도 역시 편협한 믿음을 가진 것과 다를 바가 없습니다.

이 점을 분명히 합시다! 그러나 누구라도 귀신을 쫓아내는 사람을 말리지 않는 것만으로 만족하지는 마십시오. 그 정도로 하는 것도 좋은 일입니다만, 그렇다고 거기에 머물지 마십시오. 모든 편협한 믿음을 피하려면 거기서 더 나아가십시오. 이런 일이 일어날 경우에, 구체적인 도구가 어떤 것이든 하나님의 인도하심을 인정하십시오. 그리고 인정할 뿐만 아니라 하나님의 역사 안에서 기뻐하며 감사하고, 그분의 이름을 찬양하십시오. 하나님께서 누구를 쓰시더라도 그분이 기뻐하시는 사람이면, 전적으로 하나님께 몸을 바쳐 살 수 있도록 그를 격려하십시오. 어느 곳에 있든지 그를 좋게 말하고 칭찬하십시오. 그리고 그의 개성과 성격뿐만 아니라, 그가 사명으로 하는 일을 변호하십시오. 할 수 있는 대로 그의 활동 범위를 확장시켜 주십시오. 말이나 행동으로 그에게 보일 수 있는 모든 친절을 나타내십시오. 그가 자신뿐만 아니라 그의 말을 듣는 모든 사람을 능히 구할 수 있도록 끊임없이 그를 위하여 하나님께 부르짖으십시오.

마지막으로 한 가지 경고를 덧붙입니다. 다른 사람이 편협한 믿음을 가졌다고 해서, 그것이 당신 자신이 편협해지는 구실이

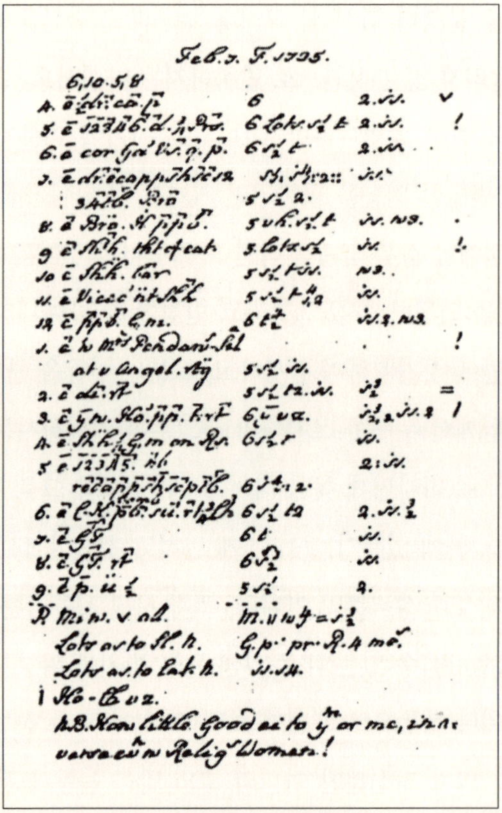

1735년 초에 쓴 웨슬리의 일기

되어서는 안 됩니다. 귀신을 쫓아내는 다른 사람이 당신에게 그런 일을 못하게 말리는 것도 결코 불가능한 일이거나 있을 수 없는 일은 아닙니다. 당신은 바로 이런 일이 마가복음 9장 38~39절에서 벌어졌다는 사실을 알 수 있을 것입니다. 사도들은 그들 자신은 하면서도 다른 사람이 하는 것은 말렸습니다. 그렇다고 해서 똑같은 짓을 하면서 (보복으로) 응수하지 않도록 조심하십시오. 악을 악으로 갚는 것은 당신이 할 일이 아닙니다. 다른 사람이 우리 주님의 지시를 따르지 않는다고 해서 그것이 당신이 주님의 지시를 소홀히 할 하등의 이유가 되지 못합니다. 아니, 상대가 그보다 편협한 믿음을 가진 사람이면, 그 사람이나 다 갖도록 하십시오. 그가 당신을 말리더라도 당신은 그를 말리지 마십시오. 그보다는 오히려 애쓰며 깨어서 기도에 더욱 힘씀으로써, 그를 향한 당신의 사랑을 확증하십시오. 그 사람이 당신에 관하여 온갖 악한 말을 할지라도, 당신은 그 사람에 관해서 (물론 있는 대로) 온갖 좋은 말을 나해 주십시오.

설교집 38번: 편협한 믿음에 대한 경고 (A Caution against Bigotry)

함께 나눔

믿음이 좋을수록 마음이 더 넓어지고 깊어져야 하는데 오히려 편협해지고 옹졸해지는 경우가 있습니다. 하나님의 사랑은 보편적이신

데, 우리는 그 사랑이 우리 자신만을 위한 것이기를 바라고 있습니다. 하나님은 무한하신데, 유한한 인간이 이를 제한하기도 합니다. '우리를 따르지 않는' 사람을 적대시합니다. 자신의 정체성을 지키는 것은 좋은 일이지만, 그렇다고 이것이 배타적이 되어서는 안 됩니다. 예수님은 우리를 따르지 않더라도 "우리를 반대하지 않는 자는 우리를 위하는 자"라고 말씀하셨습니다. 하나님의 선민으로서 '아브라함의 자손'이란 우월감을 가지고 이방인들을 배척하지만, 실제로 그에 합당한 열매를 맺지 못하는 이스라엘 백성을 향하여 세례 요한은 다음과 같이 비판하였습니다: "회개에 합당한 열매를 맺고 속으로 아브라함이 우리의 조상이라 말하지 말라 내가 너희에게 이르노니 하나님이 능히 이 돌들로도 아브라함의 자손이 되게 하시리라"눅 3:8.

1789. 1. 9. Fri.

Diary

유언장을 교정하고

전에 쓴 유언장에는 누구에게도 줄 돈이 없었다.
그러나 이제는 언제든지 내가 죽게 되면
서적을 판매하여 돈을 만들 수 있다. 이것을 참작하여
다시 유언장을 작성하여 약간의 유산을 정해 놓았다.
그러나 나는 살아 있는 동안에,
할 수 있는 모든 좋은 일을 할 것이다.
죽은 후에 어찌 될 것인지 누가 알겠는가?

설교, 1727년 10월 6일, 엡웟

하나님의 말씀을 올곧게 전하라

"우리는 수많은 사람들처럼
하나님의 말씀을 혼잡하게 하지 아니하고 곧 순전함으로
하나님께 받은 것 같이 하나님 앞에서와 그리스도 안에서 말하노라" 고후 2:17

하나님의 말씀을 부패하게 하는 첫 번째 방법은 다른 사람들의 이단적인 가르침이나 자기 자신의 환상을 하나님의 말씀과 혼합하는 것입니다. 하나님의 말씀을 불순한 환상과 섞는 것은 단지 사탄의 입맛에만 맞추는 것으로, 하나님의 말씀을 가장 부패하게 만듭니다. 이것이 너무나 자주 활용되어서, 자신을 방어하기 위해서 성서가 인용되지 않는 이단적인 의견이 거의 없을 정도입니다.

이와는 달리 말씀에 무엇을 보태거나 빼지도 않으면서 하나님의 말씀을 부패하게 하는 사람들이 있습니다. 이들은 단지 부드럽게 예언하는 것을 배우면서 성령과 그 실체를 없애 버리고, 그럼으로써 청중의 입맛에 맞추기 위해 자신들이 하는 설교를 약하게 하고, 적당히 색칠을 합니다. 그리고 이것을 더 그럴듯하게 하기 위하여, 덧칠을 하기 어려운 부분들을 없애 버립니다. 그들의 목적에 부합하지 않거나 그들의 잘못됨에 대하여 명백하게 다루고 있는 불편한 본문들에 대해서, 그들은 손을 씻어버립니다. 그들은 이것들을 기분 나쁘게 하지 않을, 더욱 부드럽고 온순한 것들과 바꾸어 버립니다. 일반적으로 죄인들을 향해 그들이 받아야 할 고통이나 괴로움에 대해 엄격하게 말해야 하는데도, 한마디도 말하지 않습니다. 사람들이 경고 받은 상태에서 저지르는 특별한 범죄들로 인해 갈 수밖에 없는, 꺼지지 않는 불에 대해서 언급하지 않는 것은 말할 필요도 없습니다.

이처럼 예민한 부분들이 사람들에게 영합하려고 하는 사람들에 의해 쉽게 다루어져서는 안 됩니다. 만일 그런 것들이라면, 그것은 매우 조심스럽게 유보적인 태도로 다루어져야만 할 것입니다. 그러나 사람을 의식하는 그들은 자신들과 관계가 없는 사람들에 대해서, 그리고 그들이 들을 때에 죄책감을 느끼지 않을 죄에 대해서는 안전하게 불호령을 내릴지도 모릅니다. 사람들은 누구나 자신이 관심 갖지 않는 것들을 듣는 것에 신경을

해외복음전도회의 실(장식우표).
웨슬리 형제는 1735년 영국 식민지였던
미국 조지아주 선교사로 임명되었다.

쓰지 않습니다. 그러나 그 충격적인 언급이 자신을 향한 것임을 알게 될 때, 비록 그것을 확신하지는 않더라도, 불쾌해하고 화를 내고 인내심을 잃게 될 것입니다.

이러한 것들이 하나님의 말씀을 부패하게 하는 자들의 방법인데, 이들은 하나님 앞이 아니라 사람들 앞에서 행동하는 자들입니다. 하나님은 마음을 시험하시며, 입술로만 하는 예배를 받지 않으실 것입니다. 그들의 말은 그들의 생각과 따로 움직입니다. 하지만 그렇게 하는 것이 그들에게는 유익하지 않습니다. 왜냐하면 그들의 진정한 의도가 드러난다면 그들이 하는 말들은 실패로 돌아갈 것이기 때문입니다. 그들이 그리스도의 복음에 따라 선을 행하고자 하는 것은 사실일지 모르나, 그것은 남을 위해서가 아니라 자신들을 위해서 그러는 것입니다. 그들은 설교를 하고, 남들을 위하는 데서 신실함을 이용하기는 하지만, 결국 자기의 유익을 찾습니다. 신실함을 이용하는 그들은 설교에서 그리고 다른 사람의 선함 속에서 그들 자신의 유익을 구합니다. 하나님 앞에서 신실하고 임무를 맡은 자로서 충실하게 말하고 있는지의 여부는 자신의 행위와 위에서 묘사된 위선자들의 행동 사이의 직접적인 차이에서 선명하게 드러납니다.

설교집 137번: 하나님의 말씀을 부패시키는 것에 대하여
(On Corrupting the Word of God)

함께 나눔 *

하나님의 말씀을 많이 읽거나 많이 전하는 것도 중요하지만, 바로 읽고 바로 전하는 것이 더 중요합니다. 소위 사이비 이단들은 성경을 인용하지 않는 자들이 아니라, 잘못 읽고 잘못 해석하는 자들입니다. 역사적인 배경이나 전체적인 맥락과 상관없이 주관적이고 자의적으로 해석함으로써 본문의 진정한 의미를 오해하거나 왜곡하는 것입니다. 하나님의 말씀을 올곧게 전하지 못하는 또 다른 요인은 사람들의 눈

치를 보거나 비위를 맞추기 위해서 성경의 말씀을 그대로 전하지 못하고 불편한 부분은 피해가거나 완화시키는 경우입니다. 구약의 거짓 예언자들은 백성들이 듣기 좋은 이야기만 전했습니다. 하나님의 심판을 전한 것이 아니라 거짓 평화와 거짓 위로를 전했습니다. 오늘날 하나님의 말씀을 전하는 설교들도 성령의 인도하심에 순종하기 보다는 청중의 욕구에 순종함으로 하나님의 말씀이 왜곡되는 경우입니다. 하나님의 말씀은 올곧게 선포되어, 말씀이 살아 움직여 좌우에 날선 검처럼 우리의 "혼과 영과 및 관절과 골수를 찔러 쪼개기까지 하며 또 마음의 생각과 뜻을 판단"히 4:12하도록 해야 합니다.

1751. 3. 27

Letter, 테츠워어드

하루 한 시간 성서를 읽고 명상하세요

사랑하는 아내, 몰리에게,

내가 너무 빨리 편지를 쓰는 것은 아닌가요?

당신이야말로 이 세상 어느 누구보다 내 편지를 빨리 받을 권리가 있는 게 아니겠소? 당신은 내가 바칠 수 있는 모든 사랑과 내 힘이 다하도록 할 수 있는 도움을 받을 자격이 있소. 당신은 내게 자신을 바쳤으니까. 우리가 서로 이렇게 도울 수 있게 해주신 하나님께 무어라 감사드려야 할지 모르겠소. 주님의 선하심에 놀랄 뿐이오.

입으로만 아니라 우리의 전 생애를 바쳐 찬양합시다.

…… 여보, 블리스 씨와의 사업은 계속 추진하고 크룩 씨 일은 될 수 있는 대로 빨리 종결짓도록 하시오. 그러나 그런 일로 하나님과 당신의 영혼 사이에 교통이 끊어져선 안 되오. 그리고 적어도 하루에 한 시간 정도 개인적으로 성서를 읽고 기도와 명상하는 데 다른 일로 방해받지 않기를 바라오. 당신이 계속 이렇게 한다면, 그것을 듣고 하나님의 은혜로 이처럼 축복받은 나는 굉장히 기뻐할 것이오.

설교, 1781년 7월 6일, 랭햄 로우

이성의 소중함, 그리고 그 한계

"형제들아 지혜에는 아이가 되지 말고 악에는 어린 아이가 되라 지혜에는 장성한 사람이 되라"고전 14:20

'종교에서 이성이 무엇을 할 수 있는 것인가' 라고 당신이 묻는다면 나는 '이성이 종교의 기초뿐만이 아니라, 종교의 모든 상부구조를 위해서도 많은 것을 할 수 있다' 고 대답하겠습니다. 진정한 종교의 기초는 하나님의 계시의 말씀 위에 서 있습니다. 기독교는 하나님의 계시인 예수 그리스도를 가장 중요한 모퉁잇돌로 삼고 그 위에 예언자들과 사도들을 세웠습니다. 이제 우리 자신이 그러한 살아있는 계시의 말씀을 이해하거나 또한 다른 사람에게 설명할 경우에 이성은 대단히 유용하게 사용될 수 있습니다. 이성이 없다면 그 안에 내포된 본질적인 진실을 이해하는 것이 어떻게 가능할까요? 하나님의 존재와 속성에 관해 성경이 선언하는 것을 이해할 수 있도록 해주는 것이 (성령의 인도를 받은) 이성 아닐까요? 또한 하나님의 영원성과 광대함과 그의 전능하심과 지혜와 거룩함에 관해서도 마찬가지입니다.

하나님께서 우리 인간을 어떻게 다루시는가를 이해하도록 돕는 것도 이성입니다. 하나님의 여러 가지 섭리, 곧 구약과 신약과 율법과 복음의 성격에 대한 이해를 돕는 것도 이성입니다. (성령이 이해의 눈을 열고 계몽시켜) 회개가 무엇인지를 이해할 수 있도록 하는 것도 이성입니다. 또한 회개하지 않는 것이 어떤 것인지를 이해하게 하는 것도 이성입니다. 구원을 가능케 하는 믿음이란 무엇이며, 의롭게 해주시는 조건과 그 성격은 무엇이며, 그것의 즉각적인 열매와 그에 따르는 열매는 무엇인가에 대해 이해하도록 하는 것도 이성입니다. 거듭남이 무엇이며, 거룩힘이 무잇이며, 그 거룩함이 없이는 아무도 주님을 보지 못한다는 것이 무엇인지를 이해할 수 있도록 해주는 것도 이성입니다. 이성을 정당하게 사용함으로써, 우리는 내적인 거룩함에서 암시하는 성품이 무엇이며, 외적으로 거룩하게 되는 것이 무엇인지, 다시 말하면 그리스도 안에 있는 마음은 어떤 것이며, 그리스도가 걸은 길을 걷는다는 것이 무엇인지를 알게 됩니다.

이성을 폄하하는 여러분! 하나님이 주신 이 귀한 선물을 과소평가하거나 거칠게 큰소리로 비난하지 마십시오. 이성을 '주님의 촛불' 로 인정하십시오. '주님의 촛불' 은 하나님께서 훌륭한 목적을 가지고 우리의 영혼 속에 심어 주신 것입니다. 이 세상사에 관련되어 있는 일일 경우에, 이성이 얼마나 훌륭한 결과로 대답을 주고 있는지 당신은 알게 될 것입니다. 아주 낮고 보잘것없는 것부터 가장 중요하고 어려운 것들에 이르기까지, 모든 세상적인 직임과 직무를 수행함에 있어서, 이성이 하는 정당한 역할은 말할 수 없을 만큼 유용한 것입니다. 그러므로 이성을 경멸하거나 그 가치를 인정하지 않을 때, 당신은 자신이 하나님을 위한 봉사를 하고 있다고 생각하지 말아야 합니다.

마찬가지로 이성을 과대평가하는 여러분에게도 몇 마디 하고자 합니다. 왜 여러분은 한쪽의 극단으로부터 다른 쪽의 극단으로 달려가려 합니까? 중용이 가장 좋은 것이 아닙니까? 이성이 할 수 있는 모든 것을 하도록 하십시오. 이성이 할 수 있는 만큼 사용하십시오. 그러나 동시에 이성이 모든 것을 할 수 없음을 인정하십시오. 믿음이나 소망이나 사랑은 이성이 줄 수 없으며, 진정한 덕이나 행복을 만들 수 없다는 것을 인정하십시오. 이런 것들은 보다 높은 근원으로부터, 더 나아가 모든 영혼의 아버지로부터 기대하십시오. 당신 자신이 그것을 얻는 것이

수많은 교회들로 넘쳐났던 18세기 중엽의 런던

아니라, 하나님의 선물로서 그것을 구하고 받아들이십시오. 모든 사람에게 자유롭게 주시고 꾸짖지 아니하시는 분에게 당신의 마음을 올려 드리십시오. 그분만이 보이지 않는 것의 증거인 믿음을 주실 수 있습니다. 오직 그분만이 하늘나라의 영원한 소망을 주실 수 있습니다. 오직 그분만이 성령을 통해 자신의 사랑을 우리 마음에 부어 주실 것입니다.

설교집 70번: 공평하게 숙고된 이성의 역할
(The Case of Reason Impartially Considered)

함께 나눔 *

존 웨슬리의 신학을 규정짓는 네 가지 원리로 성경, 전통, 이성, 체험을 말합니다. 루터가 이성에 대해 부정적으로 말하는 데 반하여 웨슬리는 올바로 사용되는 이성에 대해서 매우 긍정적입니다. 이성을 통해 계시의 말씀을 이해하고 설명하는 데 도움을 받을 수 있습니다. 그리고 세상의 문제를 해결하고 자연의 신비를 밝히는 데 유용합니다. 웨슬리는 이성을 하나님이 주신 은총의 선물이며, 우리의 영혼 속에 심어 주신 "주님의 촛불"이라고 보았습니다. 그는 실제로 당시의 다양한 과학적인 성과를 인정하고 민중의 삶의 질의 향상과 치료를 위해 활용하였습니다. 하지만 그는 이성의 한계도 지적하였습니다. 계몽주의자들이나 근대의 과학주의자들이 행하던 이성 숭배와 이성의 독재를 경계했습니다. 그는 이성의 역할에 한계를 정했습니다. 이성(과학)이 진리의 시금석이 되거나 재판관이 될 수 없다는 것입니다. 세계 제2차 대전을 통해 이성의 야만성을 경험하고 핵무기와 생태계의 위기에 직면한 오늘날, 근대적 이성과 과학의 한계를 지적한 웨슬리의 주장은 예언자의 소리로 다가옵니다.

1758. 12. 23

Letter, 노위치

왜 그리 몰라줍니까?

사랑하는 아내 몰리,*

런던을 떠나기 전날 밤

불쾌하고도 억울한 당신의 비난에 참으로 당황했었소.

내가 불친절하고, 잔인하다는 등,

있는 말 없는 말 다 꺼내 욕을 퍼부었소. 왜 그렇게 하였소?

나 혼자 동역자를 고르기 때문에 (당신이 아닌)

내가 보기에 옳다고 생각되는 사람과 말로든 글로든

대화를 나누겠다고 고집했기 때문에 그랬소?

당신과 나 사이에 7년 이상 끌어온 마찰의 원인이 바로 이것이오.

아직도 끝나지 않았소.

나로선 내 권리를 포기할 수도, 포기하고 싶지도 않소.

그러면 당신은 계속 화를 내고 욕하고 흉을 보겠지.

그것에 대해선 미안하지만 나로선 어쩔 수 없다오.

*몰리 – 존 웨슬리는 48세인 1751년 과부인 메리 바질(Mrs. Mary Vazeille)과 결혼하였으나, 시간이 지날수록 평탄치 못했다. 몰리는 웨슬리 부인의 애칭이다.

설교, 1783년, 월일미상, 런던

악이 비록 성하여도

"불법의 비밀이 이미 활동하였으나
지금은 그것을 막는 자가 있어 그 중에서 옮겨질 때까지 하리라" 살후 2:7

우리는 초대교회가 모두 우수하고 완벽했다고 상상하기 쉽습니다. 베드로가 모세로부터 인용한 강하고 힘 있는 말씀 "오직 너희는 택하신 백성이요 왕 같은 제사장들이요 거룩한 나라요 그의 소유된 백성"이라는 말대로 말입니다. 이것은 의심할 여지없이 성령 강림 후에 시작된 초대교회의 모습입니다. 그러나 얼마나 빨리 순수한 금이 어두운 빛으로 변해 버렸습니까! 얼마나 빨리 포도주가 물과 섞여 버렸습니까! 얼마나 짧은 시간 안에 이 세상 신이 자신의 세계를 되찾았습니까!

박해가 그리스도인들에게 영구한 상처를 주지 않았고, 줄 수도 없었습니다. 그러나 가장 큰 타격은 4세기 콘스탄티누스 대제에 의해 가해졌습니다. 그것은 기독교 계명과 진정한 종교의 본질인 겸손과 유순함, 인내와 사랑의 뿌리에 가해진 타격이었습니다. 그때 그는 자신을 그리스도인이라 부르며 부와 명예와 권세를 그리스도인들에게 부어 주었습니다. 특히 성직자들에게 말입니다. 그때에 살루스트가 로마 시민에 대해 말했던 것이 이루어졌다고 할 수 있습니다. "박해의 위협이 제거되고 부와 명예가 기독교 성직자들을 유혹할 때, 그리스도인들은 점진적으로 타락에 빠진 것이 아니라, 급격하게 모든 악덕으로 곤두박질쳤습니다." 불법의 비밀은 더 이상 감추어지지 않고 태양 앞에 만연했습니다. 그때 교회는 황금시대가 아니라 철기시대가 시작되었습니다. 아마 그 당시 사람들은 이렇게 말했을지 모릅니다: "갑자기 그 불행한 시대에 침입해 들어온 모든 사악함과 매일의 죄악들로 인해 진실, 검비함, 그리고 사랑은 멀리 노방가 버리고, 힘과 황금에 대한 갈망이 우주적 동요를 불렀다."

그렇다면 종교개혁 이래로 사정이 바뀌었습니까? 불법의 비밀이 더는 교회에 존재하지 않습니까? 아닙니다. 종교개혁 자체가 서구 교회의 1/3 이상으로는 확장되지 못했습니다. 이들 중 2/3는 여전히 옛날 그대로 있습니다. 동부, 남부 그리고 북

편지를 쓰는 노년의 웨슬리

부 유럽도 마찬가지입니다. 그들은 이단적이거나 전보다 더 악화된 면도 있습니다. 그러면 개혁된 교회의 사정은 어떠합니까? 예배의 모습뿐만 아니라 사고에서도 그들이 개혁된 것이 사실입니다. 그러나 이것이 전부입니까? 그들의 근본적인 마음이나 생활이 개혁되었나요? 전혀 그렇지 않습니다. 실제로 많은 개혁자들이 개혁이 철저하게 진행되지 않았다고 불평했습니다. 하지만 그들이 의미했던 것은 교회의 예전과 예식을 충분히 개혁하지 않았다는 것이었습니다.

어리석고 눈먼 자들이여! 종교의 부수적인 것에 모든 초점을 맞추다니! 당신들은 종교의 본질이 충분히 수행되지 않았다는 점을 불평해야 했습니다. 당신들은 열정적으로 사람들의 근본 마음과 생활이 완전히 변해야 한다는 점을, 그리고 그리스도의 마음을 지니고 그의 행하시는 대로 우리도 행하는 변화를 주장했어야 합니다. 이것이 없다면 교리와 예전과 예식의 개혁이 얼미니 사소한 것입니까! 한번 여러분이 스위스, 독일, 프랑스, 스웨덴, 덴마크, 네덜란드, 영국과 아일랜드의 개혁교회의 모습을 조사해 보십시오. 이 개혁된 종교들이 이교도 종족보다 나은 것이 얼마나 되겠습니까! 그들이 (하나님과의 교제를 말하는 것이 아닙니다. 비록 그것이 없이는 기독교가 존재할 수 없을지라도 말입니다.) 중국인이나 인도인보다 더 많은 정의와 자비 혹은 진실을 가졌습니까? 아닙니다. 우리는 그들보다 훨씬 아래라는 사실을 슬픔과 부끄러움으로 인정해야만 합니다! 그리스도인이라 불리는 우리가 세례 받지 않은 이교도들보다 나을 것이 없다니!

우리를 둘러싼 모든 통탄할 만한 상황을 보게 하시고, 땅에 넘치는 사악함을 보게 하시지만, 우리가 그런 급류에 휩쓸리지 않게 보호하시는 주님을 찬양합시다. 우리는 도처에 만연한 병폐를 봅니다. 그렇다 해도 그것이 우리에게 해를 입힐 수는 없습니다. '큰 사망에서 우리를 건지셨고 또 건지시는' 그분께 감사를 드립시다! 현재 불의함이 그토록 넘치지만, 의가 그렇게 될 때가 가까이 왔다는 복된 소망 안에서 말입니다. 인간의 죄로 '피조물이 다 이제까지 함께 탄식하고' 있다는 것을 인정하면서도, 그것이 언제나 그렇게 신음하지만은 않을 것이라는 믿음이 우리의 위로가 됩니다. 하나님께서 자신의 뜻을 이루실 것입니다. 그때 온 피조물이 도덕적인 죄와 본성의 타락에서 구원을 얻을 것입니다. 죄의 결과로서의 고통은 더 이상 존재하지 않을 것입니다. 거룩함과 행복함이 땅을 덮을 것입니다. 그때 땅 끝까지 하나님의 구원을 보게 될 것입니다. 인류의 모든 종족이 하나님을 알고 사랑하고 섬기며 그분과 함께 영원히 다스릴 것입니다!

– 설교집 61번: 불법의 신비 (The Mystery of Iniquity)

함께 나눔

교회의 역사를 볼 때, 항상 선하고 의롭고 영광스러운 일만 있었던 것은 아닙니다. 어두움과 죄악의 역사도 있습니다. 산이 높으면 계곡도 깊듯이, 교회의 역사에는 정상의 찬란한 빛도 있지만, 굴곡진 계곡의 음지도 있습니다. 가장 순결해야 할 그리스도의 신부로서의 교회가 타락하고 변절한 적도 있습니다. 교회가 가장 순결하고 신실하고 견고했던 때는 오히려 박해의 시기였습니다. 교회가 고난의 십자가를 질 때 복음의 능력이 가장 잘 나타났습니다. 그러나 기독교가 로마의 국교가 되고 권력을 가지게 되자 타락하게 되었습니다. 박해받던 종교에서 박해하는 종교가 되었습니다. 교회의 타락은 언제나 권력과 부와 유착될 때 수반됩니다. 이때 세속적인 제도와 형식이 교회 내로 들어왔습니다. 이러한 중세교회의 비성서적인 요소를 개혁하면서 등장한 개신교회 역시 시간이 지남에 따라 초기의 순수한 열정과 개혁성을 상실해 갔습니다. 교리와 제도의 개혁은 어느 정도 이루었는지 모르지만, 삶의 개혁은 일어나지 않았습니다. '교회는 언제나 개혁되어야 한다'는 종교개혁자의 주장은 옳습니다. 하나님께서는 시대마다 새로운 각성과 개혁을 촉발시키십니다. 이를 통해 자신의 온전하신 뜻을 이루어 가십니다.

1775. 3. 1

Letter, 런던

다툼과 분노와 비난은 안 됩니다

아메리카에 있는 전도자들에게,

친애하는 형제들이여, 여러분들은 지금까지 살아오는 동안 이번처럼 어려운 위기는 겪지 못했을 것입니다. 평화를 위하여 일하며 모든 사람들을 사랑하며 어느 한편에 속한다고 밝히지 않는 것이 여러분의 할 일입니다. 갖은 권유와 욕설을 듣더라도, 설령 고립된다고 하더라도, 어느 한편을 지지하거나 반대하는 말을 삼가십시오. 여러분은 단지 깨끗하게 처신하고 모든 사람들을 도와주고 부드럽게 해줄 수 있는 일이라면 무슨 일이든 하십시오. 그러나 다른 사람의 불화에 끼어들지 않도록 주의하십시오. 여러분은 각자 서로 한 몸을 이루고 있는지 살펴보십시오. 이것이 가장 중요한 일입니다. 여러분 사이에는 다툼이나 분노, 냉소나 비난이 있어선 안 됩니다. 여러분 가운데 여러분을 서로 반목하게 만들려는 사람이 있나 보십시오. 그런 사람은 필요 없습니다. 그런 사람에겐 아량을 베풀 필요도 없습니다. 오히려 그런 사람은 추방하고 그 음모를 백일하에 드러내십시오.

1790. 1. 1. Fri.

Diary

인생의 황혼을 경험하며

나는 이제 어쩔 수 없는 노인이다.

눈은 흐리고, 오른손이 떨리고

열이 오르면서 아침마다 입은 타서 바싹 마르고 있다.

거의 매일 계속해서 약간씩 열이 오르며

몸의 움직임은 약해지고 느려졌다.

그러나 감사한 것은 주를 위한 일을 계속 할 수 있다는 점이다.

설교도 할 수 있고 저술도 계속 하고 있다.

설교, 1786년 3월 3일, 브리스톨

하나님은 어디에나 계신다

"여호와의 말씀이니라
사람이 내게 보이지 아니하려고 누가 자신을 은밀한 곳에 숨길 수 있겠느냐
여호와가 말하노라 나는 천지에 충만하지 아니하냐" 렘 23:24

모든 것을 창조하신 전능하고 은혜가 풍성하신 분께서, 또한 만물을 유지하십니다. 그분은 존재하는 모든 것의 창조자일 뿐만 아니라, 보존자이기도 합니다. '그분은 능력의 말씀으로 모든 것을 유지하십니다.' 그분은 모든 피조물을 아시고, 또한 매 순간 모든 것을 보존하시는 분임에 틀림없습니다. 그렇지 않으면 만물은 유지될 수 없을 것입니다. 어디에나 계시고, 하늘과 땅을 충만케 하시고, 만유에 계시는 하나님께서 모든 것들을 돌보신다는 것은 이상한 일이 아닙니다. 인간의 눈이 가까운 거리

에 있는 것을 분별하고, 독수리의 눈이 훨씬 더 먼 거리에 있는 것을 보고, 천사의 눈이 아마도 한번에 지구 전체를 볼 수 있다면, 하나님의 눈은 창조의 모든 영역을 보지 않겠습니까? 특히 어떤 것도 그분으로부터 벗어날 수 없고, 우리 모두가 그 안에서 살고 움직이며 존재한다는 것을 고려한다면 말입니다.

우리의 좁은 이성으로는 이것을 단지 불완전하게 이해할 수밖에 없습니다. 하지만 우리가 이해하든 못 하든 우리는 다음의 사실들을 확신합니다. 하나님께서 모든 것을 창조하시고 지금도 모든 것을 쉬지 않고 보호하신다는 것이 확실한 만큼 그분이 언제 어디서나 존재해 왔고, 그는 위에도 계시고 아래에도 계시며, 또한 앞뒤에서 우리를 감싸 안아 주십니다. 그의 팔로 우리를 보호하십니다. "이 지식이 내게 너무 기이하니 높아서 내가 능히 미치지 못하나이다"라고 고백하지 않을 수 없습니다. 그분의 임재 방식은 어떤 인간도 설명할 수 없고, 아마 하늘의 천사도 마찬가지일 것입니다. 고대 철학자들이 몸에 거하는 영혼에 대해 말한 바, "모든 것 안에 모든 것, 그리고 부분 안에 있는 모든 것"은 어떤 의미에서 우주에 편재하는 성령에 관해 말한 것인지도 모릅니다. 그분은 '전부의 모든 것일 뿐만 아니라, 모든 부분의 모든 것' 입니다. 그렇다면 의심할 여지없이 그분은 모든 피조물의 근본을 보실 수 있고, 우리가 가까운 곳에 있는 사물을 보는 것보다 천배나 더 분명하게 보실 수 있습니다. 우리는 겉만을 보는 반면에, 그분은 모든 것의 가장 내면적인 본질을 보십니다.

:: 1788년 8월 12일, 포츠마우스

시편 139편에서 시인은 강력하고도 아름답게 하나님의 편재遍在를 노래하고 있습니다. 그는 먼저 하나님은 지금 이곳과 모든 곳에 계심을 깨닫습니다. 그래서 그는 주께서 "나의 모든 길과 눕는 것을 살펴보셨으므로, 나의 모든 행위를 익히 아시며", "나의 앞뒤를 둘러싸시고 내게 안수하셨다"고 고백합니다. 또한 그는 하나님의 임재를 느끼지만 설명할 수 없어 "이 지식이 내게 너무 기이하니 높아서 내가 능히 미치지 못한다"고 고백합니다. 그다음 그는 가장 감동적으로 하나님은 어디에나 계신다고 노래합니다. "내가 주의 영을 떠나 어디로 가며 주의 앞에서 어디로 피하리이까? 내가 하늘에 올라갈지라도 거기 계시며, 음부에 내 자리를 펼지라도 거기 계시나이다."

사람들이 하는 방식대로 말하자면, 우주의 가장 높은 곳으로 오르거나, 가장 낮은 곳으로 내려갈지라도, 주님은 어디에나 동일하게 계십니다. "내가 새벽 날개를 치며 바다 끝에 거할지라도, 곧 거기서도 주의 손이 나를 인도하시며," 주님의 능력과 존

웨슬리는 죽기 전날 침상에서
"가장 좋은 것은 하나님이 우리와 함께 계심이다"라고 외쳤다.

재가 내 앞에 있을 것이며, "주의 오른손이 나를 붙들 것입니다." 마찬가지로 주께서 우주의 길이와 넓이와 높이와 깊이에 현존하심을 봅니다. 사실 주님의 존재와 지혜가 우주의 모든 곳에 미치지 않으시는 곳이 없습니다. 그의 편재하신 눈이 길이 없는 곳에도 미치시며, 창조되지 않은 암흑까지도 보십니다. 한마디로 창조의 안과 밖 어디에도 하나님이 없는 곳은 없습니다.

참으로 이 주제는 너무 광대해서 한계가 있는 인간의 이성으로는 이해할 수 없습니다. "위대하신 하나님, 영원하고 전능하신 성령의 존재와 능력과 마찬가지로 그의 현존은 제한이 없으시다"고 고백할 따름입니다. 우리의 제한된 이성의 겸손함으로 "그분이 하늘에 계신다"라고 표현하지만, 엄밀하게 말하면, 하늘의 하늘도 그를 포함할 수 없고, 그분은 자신의 모든 통치영역에 계십니다. 우주적인 하나님이 우주 공간에 계시므로 우리는 이렇게 말할 수 있을 것입니다. 영원하신 아버지여! 창조의 소리를 발하시니 모든 세계가 듣나이다! 여호와는 모든 것을 아시오나, 누구도 그를 알 수 없나이다!

설교집 67번: 하나님의 섭리에 대하여 (On Divine Providence);
설교집 118번: 하나님의 편재하심에 대하여 (On the Omnipresence of God)

함께 나눔 *

하나님은 어디에나 계십니다. 중력이 눈에 보이지 않고 느껴지지 않지만 존재하듯이, 하나님은 '없이 계심으로 늘 계신 분' 입니다. 우리의 영적인 감수성이 살아 있다면 하나님의 현존을 어디에서나 느낄 수 있을 것입니다. 하나님은 특정한 장소에만 계시지 않습니다. 온 우주가 하나님의 성전입니다. 그러나 우리는 하나님이 천상의 어떤 특정한 장소나 지상의 특정한 성소에만 계시는 것처럼 생각하고, 우리의 일상 속에서 마치 하나님이 계시지 않는 것처럼 행동합니다. 그러나 시편의 기자는 "내가 주의 영을 떠나 어디로 가며, 주의 앞에서 어디로 피하리이까. 내가 하늘로 올라갈지라도 거기 계시며, 스올에 내 자리를 펼지라도 거기 계시니이다"라고 노래하고 있습니다. 우리의 시공간 개념으로는 하나님의 편재를 이해하기 어렵습니다. 하나님께서는 세계 어느 곳에서든지 인공위성을 이용하여 자신의 위치를 정확히 알 수 있는 위성항법장치(GPS)보다 더 정확하게 우리의 앉고 서는 것을 보실 것입니다. 하나님은 우리의 외적인 위치뿐만 아니라, 우리의 내면 깊은 곳까지도 통찰하실 것입니다. 다 아시지만 하나님은 침묵하고 계십니다. 그 침묵이 때로 우리를 두렵게 합니다.

1790. 3

Letter, 런던

주교님, 하나님을 두려워하십시오

프리티맨 탐라인 주교*님께,

주교님, 저는 이미 한쪽 발을 무덤 속에 들여 놓은 반송장과 같은 사람입니다. 인간적으로 말하면, 이제 제 나이 90 가까이 되었으니, 세상에서 고생하며 살지 않아도 될 나이입니다. 하지만 주교님께 이 그리스도의 사랑의 책임을 다하지 않고는 편히 눈을 감을 수 없을 것입니다. 체면불구하고 쓰고 있는 것은 저는 주교님이나 살아있는 그 누구도 두려워하거나 바랄 것이 없기 때문입니다. 주교님이나 저나 얼마 안 있어 하나님 앞에 서야 할 것입니다. 바로 그 하나님의 이름과 임재 안에서 묻습니다. 나라 안에서 잠잠하게 있는 사람들을 왜 괴롭히십니까? 그들은 하나님을 두려워하며 옳은 일을 하고 있지 않습니까? 주교님께서는 메소디스트가 무엇인지 알고 계십니까? 그들 중 수천 명은 열렬한 영국 국교회 교인이며 국왕 전하뿐만 아니라 그의 교권에 적극 충성을 보이고 있다는 것을 모르십니까? 무슨 이유로 주교님께서는 신앙은 문제 삼지도 않으시고 그와 같은 올바른 사람들을 추방시키려고 하십니까? 그들의 종교적인 감정 때문입니까? 주교님! 지금이 양심대로 했다고 목을 자르는 시대입니까? 주교님! 마땅히 하셔야 할 일을 하시길 바랍니다.

당신은 지각 있는 분입니다. 학식 있는 분입니다.

게다가 경건한 분(이보다 더 가치 있는 것이 또 있겠습니까?)이라고

믿고 있습니다. 심사숙고하시기 바랍니다.

하나님께서 당신께 지극한 축복을 내려 주시길 기도합니다.

*프리티맨 탐라 주교 – 존 웨슬리와 메소디스트 운동을 비판하던 링컨의 주교

1791. 2. 24

Letter, 발럼

흑백 차별은 죄악입니다

윌리엄 윌버포스*님께,
귀하, 전능하신 하나님께서 당신을 세상에 대항하여 싸우는 아타나시우스**로 세우지 않으셨다면, 당신이 어떻게 영국과 종교와 인간성의 수치인 그 저주스러운 악행을 반대하는 영광스런 전투에 나설 수 있었는지 의심스럽습니다.
하나님께서 당신을 이 일을 위해 세우지 않으셨다면 당신은 인간과 사탄들의 방해로 실패하고 말았을 것입니다.
그러나 하나님께서 당신 편이시면, 누가 당신을 대적하겠습니까?
그들 모두를 묶어도 하나님 한 분보다 강할 수 있습니까?
오, 선한 일을 하다 낙심하지 마십시오! 그 일을 계속 하십시오.
하나님의 이름과 그의 전능하신 권능 안에서, 아메리카의 노예제도(하늘 아래서 찾아 볼 수 있는 가장 간악한 것)까지도 그 앞에서 사라지게 되기까지 포기하지 마십시오.
오늘 아침 한 불쌍한 아프리카인이 쓴 소책자를 읽고, 특히 그들의 입장, 검은 피부를 가진 자는 백인에 의해서 부당하게 약탈당했다 하더라도 손해를 보상받을 수 없다는 내용을 읽고 충격을 받았습니다. 아메리카 전역에서는 흑인이 백인에게 불리한 증언을 하더라도 그 증언은 효력이 없다고 합니다. 이런 죄악이 어디 있겠습니까!
당신을 어려서부터 인도해 주신 하나님께서 이번 일뿐 아니라 모든 일에 있어 당신에게 계속 힘 주시길 기도하겠습니다.

*윌리엄 윌버포스 – 18세기 말과 19세기 초 영국의 노예무역과 노예제 철폐를 위해 투쟁하였던 영국의 정치가

**아타나시우스 – 니케아에서 결정된 삼위일체론을 고수하려고 아리우스파와 투쟁하였던 알렉산드리아의 주교

분열은 죽음

**

서로 하나 된 살아 있는 몸의 지체로부터
우리를 이간시키려는 것은 사랑의 법을 파괴하는 것입니다.
사랑의 본질은 우리 모두를 연합하게 하는 것이며,
더 많이 사랑할수록 더욱 연합하게 되는 것입니다.
이런 관계가 지속될 때, 그 어느 것도 사랑으로 연합되어 있는 것을
나눌 수 없습니다. 단지 우리의 사랑이 식어갈 때에
우리의 형제들로부터 분리를 생각하게 됩니다.
분리를 위한 핑계는 헤아릴 수 없이 많을 것입니다.
그러나 사랑의 결핍은 항상 이런 것에 대한 실제적인 원인입니다.

설교 75번: 분열에 관하여 (On Schism)
1786년 3월 30일, 뉴캐슬

존 웨슬리의 연표

1688년 11월 12일	존 웨슬리의 부모인 사무엘 웨슬리와 수산나 웨슬리 결혼
1703년 6월 17일	엡웟에서 존 웨슬리 출생
1707년 12월 18일	찰스 웨슬리 출생
1709년 2월 9일	엡웟 목사관 화재
1714년 1월 28일	차터하우스 입학
1720년 6월 24일	옥스퍼드 크라이스트 처치대학 입학
1725년	집사 사제 안수 받음
1726년	옥스퍼드 링컨대학의 펠로우특별연구원
1728년	장로 사제 안수 받음
1729년	동생 찰스가 창립한 신성클럽Holy Club의 지도자가 됨
1735년 4월 25일	부친 사무엘 웨슬리 사망
1735년 10월	신대륙 조지아로 선교하기 위해 출발
1736년 2월	조지아 주 사바나 도착
1737년 12월 2일	소피 홉키 사건으로 사바나를 떠나 영국으로 향함
1738년 2월 1일	영국에 도착
1738년 5월 1일	모라비안 교도와 함께 런던 패터레인 신도회 조직
1738년 5월 21일	찰스 웨슬리 회심
1738년 5월 24일	올더스게이트에서 존 웨슬리 회심
1738년	여름 동안 독일의 할레와 헤른후트 방문
1739년 초	조지 휫필드 야외설교 시작

1739년 5월 9일	브리스톨에 최초의 뉴룸New Room 연합신도회 설립
1740년 7월 25일	페테레인 신도회 탈퇴하고 파운드리에서 따로 모임
1742년	속회 결성, 엡웟에 있는 아버지의 무덤 위에서 설교함
1742년 7월 23일	어머니 수산나 웨슬리 사망
1745년	맥스필드를 비롯한 평신도 설교자 세움
1748년	킹스우드 학교 설립
1749년	기독교인 문고Christian Library 발간
1751년	메리 바질Mrs. Mary Vazeille과 결혼
1767년	미국 뉴욕에서 메소디스트 운동 시작
1770년	조지 휫필드 사망
1771년	애즈베리를 미국에 파송
1778년	런던의 시티로드에 웨슬리 채플 봉헌
1784년	토마스 쿡 박사를 신대륙 선교감리사로 안수하고 파송
1784년 12월 25일	미국 최초의 연회, 애즈베리가 초대 총리사로 안수됨
1788년 3월 29일	찰스 웨슬리 사망
1791년 3월 2일	존 웨슬리 사망, 3월 9일 시티로드 웨슬리 채플 정원에 묻힘

한알의 밀알 10
존 웨슬리, 나의 삶이 되다

엮은이 _ 이성덕
펴낸날 _ 2011년 11월 11일 (초판 1쇄)
2016년 2월 21일 (초판 4쇄)

펴낸이 _ 최병천

편집위원 _ 조선혜 김정숙 이현주 홍이표 홍승표 홍민기
디자인 _ 강면실 윤진선
교정 _ 김영옥
영업 _ 김만선

펴낸곳 _ 신앙과지성사
출판등록 제9-136(88. 1. 13)
주소 | 서울시 서대문구 연희로 177 옥산빌딩 2층
전화 | 335-6579 · 323-9867 · 323-9866(F)
E-mail | miral87@hanmail.net
홈페이지 | http://www.miral.biz

ISBN 978-89-85602-80-8 04230
ISBN 978-89-85602-48-8 (세트)

값 10,000원